Tania Konnerth

Ein Glückskeks für dich

Editorische Notiz:
Die Texte dieses Buches erschienen in leicht veränderter
Fassung und Zusammenstellung zuvor unter dem Titel „Ich freue
mich an jedem Tag. 365 Ideen für das kleine Glück".

Neuausgabe 2024

© Verlag Herder GmbH, Freiburg im Breisgau 2002, 2015
Alle Rechte vorbehalten
www.herder.de

Umschlagkonzeption: Verlag Herder
Umschlagmotiv: © eyewave – GettyImages
Satz und Innengestaltung: Sabine Hanel, Gestaltungssaal
Illustrationen: © eyewave – GettyImages,
Gizele – shutterstock, Ilya Oktyabr – GettyImages, kichikimi
– shutterstock, Northern Owl – shutterstock, Orfeev – shutterstock, Polina Tomtosova – shutterstock, Sabelskaya –
shutterstock, Sabine Hanel – Gestaltungssaal, Sudowoodo –
shutterstock

Herstellung: GGP Media GmbH, Pößneck

Printed in Germany

Gedruckt auf umweltfreundlichem, chlorfrei gebleichtem Papier

ISBN 978-3-451-03453-4

Tania Konnerth

Ein Glückskeks für dich

HERDER

FREIBURG · BASEL · WIEN

Das kleine und das große Glück

„Die Welt ist voll von kleinen Freuden –
die Kunst besteht nur darin, sie zu sehen."
Li-Tai-Po

Wer sehnt sich nicht danach, Freude zu empfinden? Auf unsere ganz eigene Art sind wir wohl alle auf der Suche nach dem Glück. Glücksmomente und Freudenanlässe verzaubern unseren Alltag und machen unser Leben lebenswert. Sie schenken uns neue Energie, und durch sie fühlen wir uns innerlich reich.

Viele von uns sind auf der Suche nach dem großen Glück, das unser ganzes Leben verändern soll. Dabei laufen wir immer wieder an den kleinen Glückskeksen vorbei und übersehen sie. Wieder andere haben ihren Blick so fest auf die negativen Dinge im Leben gerichtet, dass sie gar nicht sehen können, wie dicht neben ihnen das Glück winkt.

Aber es gibt auch Menschen, die man immer wieder lächeln sieht. Die sich für vieles begeistern können – auch für fast unscheinbare Glücksmomente. Sie nehmen die Welt mit allen Sinnen wahr: So lässt sich das Glück sehen, hören, spüren, riechen und schmecken. Und die Sonne scheint auch an dunklen Tagen.

Welch ein Glück: Freudenmomente erkennen und genießen zu können. Auf den folgenden Seiten sind verschiedenste Glücksanlässe für Sie zusammengestellt.

Als Leserin oder Leser sind Sie eingeladen, Tag für Tag ein kleines Stückchen mehr Glück zu erleben.

Tania Konnerth

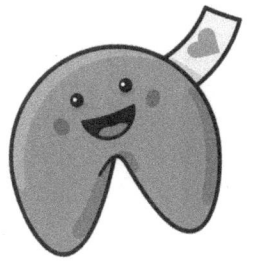

Ab sofort beginne ich jeden neuen Morgen mit einem wohltuenden Ritual: Gleich nach dem Aufstehen gehe ich als Erstes entweder auf den Balkon, auf die Terrasse oder an das geöffnete Fenster und genieße einige tiefe Atemzüge frische Luft.
So starte ich munter und voller Energie in den Tag.

Manchmal fühle ich mich richtig reich:
Ich stelle mir vor, dass ich ein Bankkonto habe, auf dem ich jeden Tag neu die Summe von 86 400 zur Verfügung habe. Ich kann zwar nichts davon in den nächsten Tag retten, aber am nächsten Tag habe ich exakt die gleiche Summe. Und das Beste: Dieses Konto gibt es wirklich, denn jeder Tag bietet mir exakt 86 400 Sekunden, über die ich verfügen kann.

Mit folgender Atemübung kann ich mich jederzeit zwischendurch entspannen und meine Mitte finden: Ich atme mit geschlossenen Augen einige Male tief durch die Nase ein und dann mindestens doppelt so lang durch den Mund wieder aus. Dabei „bremse" ich das Ausatmen etwas ab, indem ich zum Beispiel einen zischenden oder brummenden Ton mache. Schön zu spüren, wie ich sofort viel ruhiger werde.

Einmal eine ganz unerwartete Freude für meine Lieben planen: Dazu finde ich die Namenstage der Menschen heraus, die mir viel bedeuten, und überlege mir, wie ich sie an diesem Tag liebevoll überraschen kann. Die Vorfreude auf diese Überraschungen erfüllt mich schon jetzt.

Einfach noch einmal lesen – und zwar eines meiner Lieblingsbücher. Ich gehe zum Bücherregal und wähle eines aus den Büchern aus, die ich schon einmal mit Begeisterung gelesen habe. Ich tauche in die Handlung ein, die mich schon einmal faszinierte, treffe auf beeindruckende Charaktere und lese jede Zeile mit Ruhe und Genuss.

Ich überrasche einen lieben Freund oder eine Freundin durch eine kleine Geste: Am Abend rufe ich kurz an, um eine gute Nacht und schöne Träume zu wünschen. Einfach so.

Die meisten von uns essen in aller Schnelle oder gar Hektik. Dabei bemerken wir kaum noch, was wir essen – Hauptsache, es macht satt. Aber Lebensmittel sind viel mehr als nur Füllstoff für einen leeren Magen.

Wann habe ich das letzte Mal etwas ganz bewusst gegessen? Den Geruch, den Geschmack und das Aussehen des Lebensmittels wirklich wahrgenommen? Essen ist ein ganz besonderer Genuss, wenn wir alle Sinne dafür nutzen. Ich suche mir heute eine besonders schöne Orange (oder einen Apfel, wenn ich den lieber mag) aus und genieße sie langsam und mit allen Sinnen.

Warum nicht heute einmal ohne zu urteilen oder zu bewerten durch den Tag gehen?
Ich könnte versuchen, allen Menschen, die ich treffe, vorurteilsfrei zu begegnen. Von morgens auf dem Weg zur Arbeit über den Tag bis abends bei meinen Lieben. Ich freue mich darauf, die Menschen um mich herum ganz offen und neugierig wahrzunehmen, denn so werde ich vieles an ihnen neu entdecken.

Gemeinsam mit meinem Partner oder meiner Partnerin genieße ich eine entspannende Duftöl-Massage. Dazu verrühre ich 1 bis 2 Esslöffel Mandelöl mit einer Duftmischung aus 10 Tropfen Sandelholz, 4 Tropfen Ylang-Ylang und 3 Tropfen Jasmin.
Schön, sich ganz aufeinander einzulassen ...

Ich freue mich auf eine Kreativ-Übung:
„Das bin ich."
Dazu stelle ich dar, wer ich bin. Ich kann malen,
schreiben, Collagen erstellen, mir einen Tanz
oder ein Theaterstück ausdenken. Das Ergebnis
muss nicht umfassend sein, sondern ich drücke
genau das aus, was mich jetzt gerade in diesem
Moment ausmacht. So zeige ich mir mit meiner
ganzen Kreativität, wer ich bin.

Wie wär's mal mit Hausmusik? Eine vielleicht
altmodisch anmutende Freude, die aber mit
modernen Beats richtig Laune macht. Alle in
der Familie oder auch Freunde, die mitmachen
möchten, können sich ihr Instrument selbst
aussuchen – richtige Musikinstrumente oder
auch einfach Töpfe oder andere Percussion-
Instrumente. Oder wir probieren A-cappella-
Gesang. Erlaubt ist alles, was Spaß macht.

Ich gehe durch meine Wohnung, schaue mich aufmerksam um und freue mich an all den schönen Dingen, die ich besitze. An vielen von ihnen hängen Erinnerungen. Manches war ein Geschenk, anderes ein Mitbringsel, wieder andere Dinge habe ich mir selbst gekauft. Wie schön, sie ganz bewusst wahrzunehmen.

Ich nehme mir die Zeit und mache mir konkrete Gedanken darüber, welche Träume und Wünsche ich habe, und wie ich einige davon umsetzen könnte.
Was möchte ich unbedingt noch erreichen? Was erleben? Welche Ziele habe ich? Ich wähle mir das Wichtigste davon aus und beginne heute mit einem ersten Schritt dorthin.

Einen Tag in Stille genießen. Kein Radio, keine Musik, kein Fernseher. Meine Mahlzeiten nehme ich schweigend ein, und auch im Zusammensein mit Freunden und meinen Lieben lassen wir uns darauf ein, einmal gemeinsam zu schweigen.
Übrigens: Auch kleine Stille-Inseln im Alltag schaffen wohltuenden Raum für Entspannung.

In meiner Fantasie mache ich eine Reise. Ich denke an ein fernes Land oder an eine Gegend, die mich reizt. Vielleicht im Orient, im Dschungel Südamerikas oder im australischen „Outback"? Ich schließe die Augen, atme tief durch und entspanne mich. In meiner Vorstellung kann ich nun einfach dorthin reisen. Wie sieht die Umgebung aus? Wonach riecht es? Was kann ich hören? Und wie fühle ich mich in meinem Traumland?

Warum nicht mal die Welt ein Stückchen besser machen? Ich überlege mir, wofür ich mich engagieren könnte. Was liegt mir ganz persönlich am Herzen? Ist es der Schutz der Umwelt? Der Kampf gegen eine Krankheit? Der Einsatz für Kinder in Not? Die Gleichberechtigung von Mann und Frau? Würde ich vielleicht gerne alten Menschen eine würdevolle letzte Lebensphase ermöglichen? Oder Arbeitslosen den Weg zurück ins Berufsleben erleichtern?

Ich finde heute heraus, was mir ein persönliches Anliegen ist und was ich ganz konkret dafür tun könnte. Vielleicht spende ich etwas? Vielleicht rufe ich irgendwo an und frage nach, was ich tun kann? Vielleicht suche ich mir Gleichgesinnte und wir stellen gemeinsam etwas auf die Beine?

Der nächste freie Tag kommt bestimmt. Warum
nicht schon heute überlegen, was ich dann
am liebsten tun würde? Es macht Spaß, solche
Pläne zu schmieden – und wenn ich dann frei
habe, weiß ich gleich, was ich Schönes tun
könnte. Ich nehme mir also jetzt die Zeit,
mir auf dekorativem Schreib- oder Zeichen-
papier und mit bunten Stiften einige besonders
schöne Tagesabläufe auszumalen.

*„Was würdest du tun, wenn morgen
die Sonne nicht aufginge?
Die Augen schließen oder eine Kerze
anzünden?"*

Ich überlege mir, wie ich Licht in mein Leben
bringen könnte. Wie kann ich für mich und
andere strahlen? Ich freue mich darauf, den Tag
zu erhellen.

Ab und zu lasse ich mir was erzählen. Viele Menschen haben außergewöhnliche Dinge erlebt, und es kann zu einem richtigen Abenteuer werden, sich davon berichten zu lassen. Vielleicht kenne ich jemanden, der weit gereist ist, oder jemanden, der in einem buddhistischen Kloster war. Vielleicht kenne ich eine Entwicklungshelferin oder jemanden, der in der Jugendhilfe arbeitet. Ich höre ihm oder ihr gespannt zu.

Eine ganz ursprüngliche Freude: Ich backe mir selbst ein Brot. Dafür brauche ich nur wenige Zutaten, und schon bald kann ich den duftenden, noch heißen Laib aus dem Ofen holen. Nach dem Abkühlen schneide ich mir eine dicke Scheibe ab, bestreiche sie mit Butter ... und werde das Gefühl haben, noch nie etwas Köstlicheres gegessen zu haben.

Endlich mal wieder ein Spieleabend! Ich lade
liebe Menschen ein, und jeder bringt etwas
zu essen mit. Für die Getränke sorge ich und
jeder, der hat, bringt auch ein Spiel mit.
Dann schauen wir, was alles zusammenkommt,
und entdecken auch alte Spiele wieder neu.
Schön zu sehen, wie viel Spaß auch ein
„Klassiker" wie „Mensch-ärgere-Dich-nicht"
in lustiger Runde machen kann.

Einen wunderbaren Gedanken für einen
dunklen Tag bietet folgendes chinesisches
Sprichwort:

*„Wenn ich einen grünen Zweig im
Herzen trage, wird sich ein Singvogel
darauf niederlassen."*

An dieses Bild versuche ich mich immer wieder
zu erinnern.

Ein tolles Geschenk für mich selbst: ein Bild von mir.
Ich lasse es von jemandem malen, der das gut kann. Ich kann einen Straßenmaler bitten, einen etablierten Künstler engagieren oder in einer Kunsthochschule nach einem begabten Studenten suchen. Ich freue mich auf ein Kunstwerk mit mir als Motiv.

Ein Mittagsschläfchen halten – einfach so und ganz ohne schlechtes Gewissen. Wie gut es tut, sich hin und wieder tagsüber für ein halbes Stündchen hinzulegen und Körper und Seele eine gründliche Verschnaufpause zu ermöglichen. Der Kurzschlaf kommt als Power Nap gerade wieder richtig in Mode.
Ich gönne mir also heute, für kurze Zeit vollkommen abzuschalten. Zu Hause kann ich mich dafür unter die Bettdecke kuscheln. Wenn ich unterwegs bin, suche ich mir ein stilles Plätzchen, wo ich die Augen schließen kann. Und dann tauche ich ein in eine tiefe Entspannung und erwache erfrischt und munter.

Die vielleicht simpelste Art, sich zu freuen:
Ich lächle.
Und zwar einfach so, ohne besonderen Grund
– ja, vielleicht sogar dann, wenn mir eigentlich gar nicht danach zumute ist. Zuerst nur ein
ganz kleines bisschen, dann mehr und mehr.
Lächeln und Freude sind eng miteinander verbunden, und allein das Lächeln kann ein
gutes Gefühl auslösen. Ich freue mich darauf,
das heute mal auszuprobieren.

„Die Sonne geht an keinem Dorf vorüber."
Bantu-Weisheit

Wie schön zu wissen, dass nach Tiefphasen und
schlechten Tagen immer wieder auch gute Zeiten kommen. Ich freue mich heute über meine
Fähigkeit, hoffen zu können.

Heute nehme ich jemandem eine Aufgabe ab, von der ich weiß, dass er oder sie diese Sache ganz und gar nicht gerne macht. Ob das nun eine Haushaltspflicht meines Partners oder meiner Partnerin ist oder die ungeliebte Aufgabe eines Kollegen – es ist schön, durch diese Geste jemandem eine Freude zu machen. Und Freude steckt bekanntlich an!

Heute beginne ich damit, für eine Anschaffung zu sparen, die ich mir im Moment entweder noch nicht leisten kann oder will. Ich lege heute und an jedem Folgetag eine kleine oder größere Summe zur Seite – genau so viel, wie sich richtig anfühlt. Und mit jeder Münze und jedem Schein freue ich mich, meinem Wunsch ein Stück näher zu kommen.

Meine Nacken- und Schultermuskeln freuen sich auf folgende Übung – und das ganz besonders, wenn ich mal wieder verspannt bin: Ich führe im Sitzen oder Stehen meine rechte Hand nach oben zu meinem Hinterkopf und lege die Handfläche auf den Nacken. Der Ellenbogen meines rechten Arms zeigt nun nach oben. Ihn ergreife ich mit der linken Hand. Nun kann ich meine rechte Hand zwischen meinen Schulterblättern weiter nach unten schieben. Die Dehnung unterstütze ich sanft mit der linken Hand, die den Ellenbogen hält. Einen Moment halte ich die Dehnung und wechsle dann die Seite. Seufzen dabei ist erlaubt und erhöht die wohltuende Wirkung.

Nicht immer leicht, aber unendlich wohltuend:
das Loslassen. Oft klammern wir uns an Ver-
gangenes und erkennen nicht, dass wir da-
durch die Augen verschließen für Neues. Glück
können wir aber dann empfinden, wenn wir
Ballast abwerfen und uns von dem lösen, was
uns nicht guttut.
Ich denke nun darüber nach, was ich vielleicht
loslassen könnte ...

Ich mache mir eine Playlist mit all meinen Lieb-
lingsliedern. Als Jugendliche hatten wir alle
Kassetten, auf denen bunt gemischt sämtliche
Songs waren, die wir toll fanden. Ich freue mich
darauf, mir heute einen solchen Musikmix zu-
sammenzustellen und ein schönes Lied nach
dem anderen anzuhören.

Heute freue ich mich auf eine liebevolle Um-
armung zwischendurch – einfach so und
ohne besonderen Grund. Ich lasse mich halten
und halte selbst. Die Nähe tut richtig gut und
ich spüre ihr intensiv nach.

*„Fang jetzt an zu leben und
zähle jeden Tag als ein Leben für sich."*
Seneca

Einen Tag wie ein Jahr sehen – als Lebenszeit,
kostbar und voller Möglichkeiten. Mit diesem
Bewusstsein lerne ich Schritt für Schritt immer
mehr, im Hier und Jetzt zu leben.

Ich nehme mir ein großes Blatt Papier und viele
bunte Stifte. Und dann male ich das gesamte
Bild voller lustiger Lachgesichter (Smileys) in
allen Größen. Die können ganz einfach sein –
zwei Augen und ein breiter Grinsemund reichen
aus. Ich werde schnell merken, wie auch ich
bald fröhlich lächle.

Warum immer nur das Gleiche essen?
Wir neigen meist dazu, zu den Produkten zu
greifen, die wir bereits kennen und von denen
wir wissen, dass sie uns schmecken. Mal was
Neues auszuprobieren, ist ein kleines Abenteuer, das ich mir öfter gönnen kann –
besonders dann, wenn es sich um exotische
Zutaten handelt. Ich schau mich dafür z. B.
mal in einem Asia-Laden oder Feinkostgeschäft
um.

Ich packe mir ein Springseil in meine Schreib-
tischschublade. So kann ich jederzeit zwischendurch in Schwung kommen – entweder
drinnen (wenn da genug Platz ist), idealerweise
aber draußen an der frischen Luft. Hüpfen
macht Spaß!

*„Unzufriedenheit ist der erste Schritt
zum Fortschritt; für den Einzelnen wie für
die Nation."*
Oscar Wilde

In diesem Sinne freue ich mich heute darauf,
sensibel für meine Unzufriedenheit zu sein.
Spüre ich, dass ich unzufrieden bin, dann weiß
ich, dass hier ein Bereich ist, in dem ich etwas
für mich tun kann, und ich schreibe gleich
einen ersten praktischen Schritt dazu auf.

Ich lerne heute etwas dazu: Dazu recherchiere ich, was z. B. heute vor 20 Jahren, vor 50 Jahren und vor 100 Jahren Wichtiges passiert ist. Sind bedeutende Personen geboren worden oder verstorben? Gab es wichtige politische Entscheidungen oder bedeutende Ereignisse in der Kultur? Spannend, auf diese Weise die Geschichte zu erforschen.

Gut zu wissen, dass keine unserer Entscheidungen in Stein gemeißelt ist. Manchmal stellen wir nämlich erst später fest, dass eine getroffene Entscheidung doch nicht das Richtige ist. Statt dann zähneknirschend dabei zu bleiben, kann ich mir erlauben, mich auch mal umzuentscheiden. Ich freue mich darauf, heute getroffene Entscheidungen bewusst zu überprüfen.

Heute feiere ich die Sonne!
Vielleicht lacht sie vom Himmel – dann
nehme ich sie ganz bewusst wahr und halte
mein Gesicht mit geschlossenen Augen in ihr
Licht. Ist sie nicht da, so weiß ich doch, dass
sie hinter den Wolken auf mich wartet, und
ich stelle mir einfach vor, wie sie durch die
Wolkendecke ihre Wärme zu mir schickt.

Ich überlege einmal, wie sich wohl das Lachen
von Schmetterlingen oder der Klang des Universums anhören könnte. Ich stelle mir vor, wie
es sich anfühlen würde, wenn wir auf Wolken
liegen könnten, und wie es wäre, wenn unser
Glück in den Farben des Regenbogens aus uns
strahlen würde ...
Lauter kleine Glücksgedanken – Alltagspoesie
für zwischendurch.

Warum nicht mal ganz bewusst aufschieben?
Und zwar Arbeiten im Haushalt oder Aufgaben
bei der Arbeit, bei denen es nicht schadet, sie
erst morgen zu erledigen. Sich das Aufschieben
einmal ganz bewusst zu gönnen, kann uns eine
diebische Freude bereiten, denn wir fühlen uns
wie ein Kind beim Schuleschwänzen.
Ich freue mich darauf, heute mal nicht perfekt
zu funktionieren.

Ab und zu gehe ich in eine kleine Stadtteil-
bücherei oder auch in eine größere Bibliothek
und erforsche, was mir dort alles zur Verfügung
steht: Ich kann Bücher lesen und ausleihen,
in Zeitschriften stöbern, Hörbücher entdecken
und mitnehmen, Filme ausleihen – und es
kostet mich nichts. Reichtum der anderen Art.

Auch wenn ein Schreibtisch möglichst auf-
geräumt und frei von Krimskrams sein sollte,
überlege ich mir, ob es nicht einen Gegenstand
gibt, den ich gerne bei der Arbeit bei mir hätte.
Vielleicht ein kleines Stofftier, den Babyschuh
meines Kindes, ein Foto meiner Tiere oder
einen schönen Stein. Ein solches Kleinod kann
uns im Arbeitsalltag wohltuende Impulse
geben.

Mit einem guten Gedanken in den Tag starten!
Gleich morgens beim Frühstück beantworte ich
mir folgende Frage: „Was ist das Beste, was mir
heute passieren könnte?" Schon beim Nachdenken darüber werden sich meine Mund-
winkel nach oben kringeln, denn es ist schön,
über etwas Angenehmes nachzudenken. Und
wer weiß, vielleicht trifft es sogar ein?

Öfter mal reinen Tisch machen! Es gibt Konflikte, die sich zäh über längere Zeit hinziehen und für beide Seiten Unzufriedenheit bringen. Ich suche deshalb das klärende Gespräch – entweder können wir den Konflikt zwischen uns lösen oder aber wir entscheiden uns, dass es besser ist, nichts mehr miteinander zu tun zu haben. Wie es auch ausgeht, ich bin erleichtert, dass die Sache zu einem Abschluss gekommen ist.

Wenn ich genug vom grauen Alltag habe, gönne ich mir bunte Farbtupfer für meine Wohnung: ein paar blühende Topfpflanzen oder Schnittblumen, um den Frühling in mir zu feiern – egal, zu welcher Jahreszeit. Ich freue mich an den Farben, Formen und dem Duft.

Heute verblüffe ich mich selbst und den Rest der Welt, indem ich einmal etwas tue, was niemand von mir erwarten würde. Vielleicht gebe ich im Lokal eine Runde aus – ohne besonderen Anlass – oder ich gehe zum Tanzen. Vielleicht schaue ich mir einen schnulzigen Liebesfilm an, obwohl ich eher Krimis und Thriller mag. Oder ich ziehe bunte Klamotten an, die nicht zueinander passen. Vielleicht bin ich heute mal ganz leise, wenn ich sonst eher laut bin, oder ich wünsche fremden Leuten einen guten Tag. Hin und wieder etwas Außergewöhnliches zu tun, bringt uns aus eingefahrenen Mustern und öffnet den Weg für Neues.
Und das ist richtig befreiend!

Abends mit schönen Gedanken einschlafen: Dazu suche ich mir heute ein besonders inspirierendes Buch mit schönen Denkanstößen und lege es auf den Nachtisch. Und ab sofort lese ich, bevor ich das Licht ausmache, jeden Abend einige Zeilen.

Ich freue mich heute darauf, mir mal richtig etwas zuzutrauen.

Durch Studien wurde belegt, dass Menschen, die sich wenig zutrauen, auch weniger zustande bringen. Ich bremse mich heute nicht selbst aus, sondern wage mich ruhig an eine echte Herausforderung. Wie schön, an sich selbst zu glauben!

Heute mache ich mir einen dicken Pfann-
kuchen. Eier, Mehl, etwas Wasser und (Vanille-)
Zucker. Mal schauen, ob ich ihn zum Wenden
durch die Luft wirbeln kann!
Wenn er auf den Boden fällt, ärgere ich mich
nicht, sondern lache darüber und probiere es
gleich noch mal.

Auf eine Anstrengung sollte immer eine Entspannung folgen. Das gilt im Kleinen wie im
Großen. Habe ich hart gearbeitet, freue ich
mich auf den Urlaub. War ich heute gut kon-
zentriert, gönne ich mir danach ein bisschen
Müßiggang. Ausreichende Pausen stellen
sicher, dass ich nicht ausbrenne.
Es tut gut, auf diese Weise für mich zu sorgen.

Ich wage einmal einen kleinen Ausflug in die Zukunft: Ich stelle mir vor, dass vielleicht in einem Jahr, in fünf oder zehn Jahren ein großer Artikel in einer Zeitschrift über mich erscheint. Was möchte ich dort am liebsten über mich lesen? Was wäre spannend? Worauf wäre ich stolz?

Eine ganz einfache Art, einigen meiner Lebensträume auf die Spur zu kommen.

Ich freue mich darauf, meine innere Ruhe zu trainieren: Wenn heute etwas anders läuft, als ich gedacht habe, oder von außen kommende Veränderungen meine wohldurchdachten Pläne durchkreuzen, bleibe ich gelassen.

Ich atme tief durch, freue mich über den Erfolg, mich viel weniger als sonst zu ärgern, und denke an das japanische Sprichwort:

„Wer lächelt statt zu toben, ist immer der Stärkere."

Ich sorge heute für gute Luft in meinem Zimmer: Dazu stelle ich mir eine Mischung aus folgenden ätherischen Ölen zusammen: 2 Tropfen Zitrone, 2 Tropfen Eukalyptus und 6 Tropfen Latschenkiefer. Diese Mischung gebe ich mit etwas Wasser in eine Duftlampe, und das Raumklima wird frisch und angenehm. Ich atme wohlig tief ein und aus.

Wie würde ich in den Tag starten, wenn mein erster Blick nach dem Aufwachen auf ein wunderschönes Bild fallen würde, z. B. auf das einer Sonnenblume oder eines Strandes? Ich freue mich darauf, ein richtig schönes Bild in Sichtweite in meinem Schlafzimmer aufzuhängen.

Mal einen Tag lang ganz bewusst eine Pflanze
nutzen und sich an ihr erfreuen: Wie wäre es
z. B. mit einem Lavendeltag?
Lavendelblüten duften herrlich. Es gibt sie in
kleinen Kissen, als Seife, oder ich kann mir auch
einfach ein Töpfchen kaufen und mir hin und
wieder eine Blüte pflücken. Und Lavendelhonig
ist eine besondere Delikatesse, die ich gleich
mal probieren werde.

Ich nehme mir vor, am Abend ein Tages-
resümee zu ziehen, und freue mich darauf
zu sehen, was ich heute alles gelernt, erlebt
und erfahren habe. Ich denke auch an die
kleinen Dinge und Details – an Schönes und
weniger Schönes. Und wenn ich am Ende „Ja"
zu diesem Tag sagen kann, selbst wenn vielleicht nicht alles nur gut war, bin ich versöhnt
und zufrieden.

Ich freue mich darauf, heute für etwas Gehirn-
jogging zu sorgen. Unsere grauen Zellen lassen
sich nämlich genauso trainieren wie unser Körper, und wenn wir sie nicht ausreichend fordern,
lassen unsere geistigen Fähigkeiten nach.
Ich suche mir ein Heft oder Buch, in dem möglichst verschiedene Denksport- und Kreativi-
tätsaufgaben angeboten werden. Und dann
mache ich mir einen kleinen Fitnessplan für die
kommenden Wochen. Ich wähle Aufgaben, mit
denen ich mein Gedächtnis trainieren, meine
Lernfähigkeit steigern, meine Kreativität erhöhen
und meine Denkmöglichkeiten erweitern kann.
Schön, auf diese Weise etwas für mich zu tun!

Ich freue mich heute aufs Ausmisten:
Ich gehe durch alle Küchen- und Badeschränke
und werfe abgelaufene Lebensmittel und alte
Cremes, Duschgelproben und Tuben weg. Und
wo ich gerade dabei bin, befreie ich mich auch
von alten Zeitschriften, Broschüren und anderem Papierkram, den ich nicht mehr brauche.
Und dann atme ich zufrieden durch.

Viele Menschen starten ihren Arbeitstag mit
eher ungeliebten Aufgaben, um sie schnell
hinter sich zu bringen. Wenn ich aber zunächst
eine Aufgabe wähle, die mir Freude macht, bin
ich gut gelaunt und kann mit dieser positiven
Energie auch solche Tätigkeiten leicht und
schwungvoll erledigen, die ich nicht mag.
Schön, solche Wahlmöglichkeiten bewusst
wahrzunehmen.

Ich freue mich heute auf eine entspannende und wohltuende Atemübung aus dem Yoga: die Nasenatmung. Dazu halte ich einfach ein Nasenloch mit einem Finger zu und atme durch das andere tief ein. Zum Ausatmen verschließe ich mit dem Finger das andere Nasenloch und atme durch das nun freie aus.
Fünfmal wiederhole ich das, wechsle die Seiten und genieße die innere Ruhe, die sich dabei einstellt.

Ich öffne mich für ganz unerwartete kleine Freuden, indem ich heute immer mal wieder innehalte und mir die Zeit nehme, wahrzunehmen, was um mich ist. Vielleicht entdecke ich das Farbspiel des Lichts, das sich in einer Pfütze bricht, oder die kleine Blume, die auf der Straße mitten aus dem Beton wächst. Vielleicht registriere ich die schöne, angenehme Stimme eines Schalterbeamten oder das Lachen eines Kindes auf dem Spielplatz. Vielleicht fällt mir auf, wie wundervoll der Tau auf einem Spinnennetz glitzert oder wie glücklich ein verliebtes Paar aussieht. Der Zauber steckt in so vielen kleinen Alltagsdetails – ich muss nur aufmerksam genug sein, ihn zu entdecken.

Ich überlege, was ich, wenn Geld und Zeit kein Thema wären, am liebsten noch aus meinem Leben machen würde. Alle Ideen, die mir kommen, schreibe ich auf und male sie mir möglichst detailliert aus. Auf diese Weise bekomme ich einen Überblick über kleine und große Dinge, die ich gern tun würde, und kann vieles davon angehen.
Mit Freude in die Zukunft!

Ich gehe heute mal zum Bahnhof oder Flughafen und setze mich dort für eine Weile auf eine Bank, um das bunte Treiben zu beobachten. Ich schaue den Menschen dabei zu, wie sie ankommen oder abfahren, und denke mir Geschichten dazu aus. Nachdem ich den Duft der großen, weiten Welt geschnuppert habe, freue ich mich darauf, nach Hause in meine gemütliche Wohnung zu fahren.

Mit Farben kann ich meine Befindlichkeit verändern. Wenn mein Energiepegel im Laufe des
Tages absinkt und ich träge und müde werde,
stelle ich mir vor meinem geistigen Auge ein
intensives Orange vor. Je stärker dieses Orange
in meiner Vorstellung wird, desto mehr werde
ich spüren, wie neue Energie mich durch-
strömt. Ich freue mich darauf, auch noch mit
anderen Farben zu experimentieren.

*„Wenn der eine nicht will,
können zwei nicht streiten."*
Sprichwort

Ich freue mich heute darauf, nicht zu streiten.
Oft lassen wir uns viel zu schnell provozieren
und sagen Dinge, die uns später leidtun. Ich
nutze heute die Chance nachzudenken, bevor
ich etwas sage, und wähle einen versöhnlichen
und liebevollen Weg.

Meinen Horizont erweitern! Ich suche mir heute eine Ausstellung aus, zu der ich sonst nicht gegangen wäre, weil ich vielleicht den Künstler nicht kenne oder über das Thema nichts weiß. Dort nehme ich an einer Führung teil und höre aufmerksam zu, was es mit den Ausstellungsstücken auf sich hat.
Und ich freue mich daran, etwas Neues zu lernen.

„Ich kann, weil ich will, was ich muss."
Immanuel Kant

Wie glücklich und zufrieden wir sind, hängt in einem großen Maß von unserer inneren Einstellung ab. Wenn ich etwas ungern tue, dann kann ich mich entscheiden, es zu lassen, zu verändern oder die guten Seiten daran zu sehen.
Ich nehme mir vor, das öfter zu üben.

Ich freue mich auf etwas ungestörte Zeit ganz für mich. Dafür stelle ich das Telefon und die Klingel ab, denn ich muss nicht ständig verfügbar sein. Es gibt Momente, in denen niemand stören sollte, und genau so einen Augenblick gönne ich mir nun.
Und jetzt bin ich nur allein für mich da.

Für ein harmonisches Familienleben:
Damit wir alle in Zukunft konstruktiver und verständnisvoller miteinander umgehen können, schlage ich heute meinen Lieben vor, einmal im Monat eine sogenannte „Familienkonferenz" durchzuführen. Wir setzen uns alle zusammen an einen Tisch, und jeder darf alles sagen, was ihm oder ihr in unserem Familienleben gefällt und was nicht. Die anderen hören in dieser Phase aufmerksam zu und nehmen einfach nur wahr. Wichtig: Es wird nicht diskutiert! Es geht allein darum, voneinander zu hören, was für jeden gut und was weniger gut läuft. So erfahren wir sehr viel über unsere jeweiligen Bedürfnisse und eventuell vorhandener Frust findet ein Ventil.

Ein unerwartetes Lob versüßt mir heute die Arbeit – ein Lob von mir selbst! Oft treibe ich mich an und bin wenig zufrieden mit mir. Wie gut tut es aber, einfach etwas liebevoller mit mir selbst umzugehen. Ich klopfe mir heute sanft auf die Schulter und sage zu mir: „Gut gemacht!"

Wenn ich dazu neige, oft zu viel zu grübeln, freue ich mich heute darauf, mir einmal kräftig den Kopf freipusten zu lassen: Dazu stelle ich mir vor meinem geistigen Auge vor, wie ich auf einem hohen Berg oder auch am Meer stehe und mir dort ein kräftiger Wind allen Gedankenballast aus dem Kopf pustet. Je realer ich es vor mir sehe, desto befreiender ist diese Vorstellung.

Ich mache mich in einer Buchhandlung oder Bibliothek auf die Suche nach dem Lieblingsbuch meiner Kindheit und stöbere für ein Weilchen auch in den aktuellen Bilder- und Kinderbüchern. Denn sie bringen uns Erwachsene auf wundervolle Weise in Kontakt mit dem Kind in uns. Wenn wir in Bilderbüchern schmökern, all die bunten Illustrationen auf uns wirken lassen und neugierig Seite für Seite umblättern, lohnt es sich, einmal tief in uns hineinzuspüren. Denn da sitzt irgendwo das Kind in uns, mit dem wir uns auch heute noch auf eine ganz ursprüngliche Weise freuen und fröhlich kichern können.

Einmal wieder durchhalten und dranbleiben! Wie gern würden wir bei Schwierigkeiten ein Vorhaben oder Projekt einfach aufgeben. Aber es lohnt sich oft doch, Selbstdisziplin und Durchhaltewillen zu entwickeln, denn es tut gut, etwas auch gegen Widerstände bewältigt zu haben. Heute nutze ich die Chance, im Kleinen genau das zu üben, und freue mich über meine Erfolge.

Heute gehe ich auf eine motivierende Fantasiereise: Dazu schließe ich meine Augen, mache
es mir gemütlich und atme einige Male tief
durch. Nun reise ich in meinen Gedanken in die
Zukunft und zwar zu dem Zeitpunkt, an dem
ich eines meiner größten Ziele erreicht haben
werde. Das kann ein Projekt sein, an dem ich
gerade arbeite, oder auch eine bestandene
Prüfung. Vielleicht suche ich einen neuen Job
und sehe vor meinem inneren Auge, wie ich ihn
bekomme. Oder ich feiere einen sportlichen
Erfolg. Ich begebe mich ganz in die Situation
und sehe, höre, spüre, rieche und schmecke,
wie das sein wird.
So motiviere ich mich, mein Ziel heute anzuge-
hen und auch dann durchzuhalten, wenn es
mal kaum voranzugehen scheint.

Ich freue mich heute ganz bewusst über die Gewissheit, dass ich im Falle eines Sturzes immer wieder aufstehen kann. Es kommt immer wieder vor, dass die Dinge anders laufen als geplant oder dass ein Schicksalsschlag meinen Lebensweg verändert. Ich schaue zurück auf all die Dinge, die ich bis heute schon bewältigt habe, und weiß, dass es immer irgendwie weitergeht.

Ich freue mich nach der Arbeit über das, was ich geschafft habe. Im Stress des Alltags nehmen wir uns selten die Zeit und Muße, einfach mal zufrieden mit uns selbst zu sein und mit dem, was wir tun. Ich schaue deshalb zurück, was ich heute alles erreicht habe, und lasse das gute Gefühl von tiefer Zufriedenheit zu.

Ich streichle einmal mit geschlossenen Augen
ganz langsam und bewusst ein Tier, z. B. einen
Hund, eine Katze oder auch ein Kaninchen.
Ich konzentriere mich intensiv darauf zu
spüren, wie sich das Fell anfühlt, wie sich die
Muskeln bewegen und das Tier atmet.
Schön, auf diese Weise das Leben zu spüren.

Ich freue mich manchmal darauf, einfach nur
zuzuhören. Dann muss ich nicht selbst reden,
sondern kann mich ganz offen und neugierig
den Menschen widmen, die mir etwas erzählen
wollen. Ich werde feststellen, wie spannend das
Zuhören sein kann, wenn ich dabei nicht schon
darüber nachdenke, was ich selbst sagen will.

Ich überrasche jemanden auf eine besondere Art. Dazu suche ich speziell für diesen Menschen ein Gedicht aus. Ich stöbere in ganz verschiedenen Gedichtbänden oder ich schreibe selbst eines. Mit Bedacht wähle ich die Zeilen aus, die passen, und schreibe das Gedicht in schönen Buchstaben auf ein Blatt edles Papier, rolle es zusammen und binde eine schöne, große Schleife darum.

„Beginne jeden Tag, als wäre es der erste. Beschließe jeden Tag, als wäre es der letzte."
Griechisches Sprichwort

Ich freue mich auf ein Stück mehr Bewusstheit im Alltag. Statt einfach so Tag für Tag vor mich hinzuleben, mache ich mir klar, dass meine Zeit hier begrenzt ist, denn so wird sie mir wertvoller. Schön, sie für mich nutzen zu können.

Eine wohltuende Freude, wenn ich verspannt bin: Ich setze mich aufrecht auf einen Stuhl, ziehe meine Schultern behutsam so weit nach oben, wie es geht. Dann fahre ich im Zeitlupentempo meinen Hals wie ein Stativ nach oben, während sich meine Schultern genauso langsam senken. Diese Übung wiederhole ich einige Male und lasse am Ende die Schultern ganz locker tief sinken.

Ich gehe heute auf einen Friedhof und schaue mir einige Gräber an, die ungepflegt und verwildert aussehen. Vielleicht sind dort Menschen begraben, an die keiner mehr denkt oder von deren Angehörigen keiner mehr am Leben ist. Ich gedenke ihrer heute. Ich lese den Namen, das Geburts- und Sterbedatum und stelle mir vor, was das vielleicht für ein Mensch gewesen ist. Vielleicht zupfe ich einige der trockenen Blätter ab, putze den Grabstein und harke das Beet. Einfach als symbolische Geste für die Person, die dort liegt.
Dann verabschiede ich mich und gehe zurück nach Hause – voller Freude, am Leben zu sein.

Mal neue Möglichkeiten ausloten.
Ich nehme mir den Stellenanzeigen-Teil einer
überregionalen Zeitung und schaue ganz
unabhängig von meiner eigentlichen Ausbil-
dung nach verschiedenen Stellenangeboten.
Was würde mich interessieren? Was würde
mich reizen? Worauf hätte ich richtig Lust?
Vielleicht komme ich ja so auf ganz neue Gedanken. Auch aus Träumen kann Wirklichkeit
werden ...

Ich bereite eine Freude für mich vor. Dazu
nehme ich zwei, drei Geldscheine, die ich
gerade entbehren kann, und „verstecke" sie
für mich. Vielleicht tue ich einen in die Tasche
einer Hose, die ich nur selten anziehe, einen
anderen in die Weihnachtskeksdose, die ich
in der Vorweihnachtszeit nutzen werde. Und
dann vergesse ich es und freue mich, wenn ich
das Geld später finde.

Wie wäre es mit einem Obstsalat der besonderen Art? Ich halbiere eine reife Papaya, entkerne sie und löse das Fruchtfleisch heraus. Das schneide ich in kleine Würfel. Dann schäle ich eine Apfelsine und schneide die Scheiben ebenfalls in kleine Würfel. Nun vermische ich das Obst mit einem Esslöffel Sanddornsaft und streue einige Kürbiskerne darüber.
Ein exotischer Genuss!

Ich freue mich heute darauf, entbehrlich zu sein.
Ich muss nicht immer und überall dabei sein – eine Sitzung kann auch mal ohne mich stattfinden, auch der Einkauf oder die Wohneigentümerversammlung. Ich nehm mir heute frei von einigen Verpflichtungen. Es tut gut, zu sehen, dass die Welt sich trotzdem weiterdreht.

Heute mal das Gehirn in Schwung bringen! Und zwar, indem ich einfach etwas anders als bisher mache. Zum Beispiel die Zähne mit der anderen als der gewohnten Hand putzen, einen anderen Weg zur Arbeit nehmen oder rückwärts die Treppe hinaufgehen. Ich freue mich auf neue Impulse.

Kräuterwunder entdecken: Ich finde heute heraus, wann und wo in meiner Gegend Naturwanderungen mit Kräuterkunde angeboten werden. Auf solch einer geführten Wanderung kann ich die einheimische Kräuterwelt mit all meinen Sinnen kennenlernen und sehr viel Wissenswertes erfahren. Danach sehe ich die Natur mit anderen Augen.

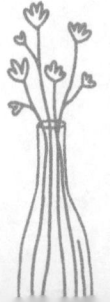

Wenn ich ein noch ungelöstes Problem habe, freue ich mich darauf, dazu auf eine Fantasiereise zu gehen:

Ich mache es mir gemütlich und schließe die Augen. Mit einigen tiefen Atemzügen entspanne ich mich.

In meiner Vorstellung gehe ich an einem wunderschönen Tag über eine Wiese. Ich kann das Gras unter meinen Füßen spüren, und die Luft riecht frisch. Am Ende der Wiese sehe ich ein Wesen stehen. Ist es eine Person oder ein Tier? Eine Fantasiegestalt oder ein Bekannter? Ich laufe langsam auf die Gestalt zu, bis ich vor ihr stehe. Nun höre ich aufmerksam zu, was mir das Wesen zu sagen hat — es hat nämlich eine wichtige Botschaft für mich. Wenn ich alles gehört habe, verabschiede ich mich und komme wieder in den Raum zurück.

Was habe ich in Bezug auf mein Problem erfahren?

Ich veranstalte ein ausgiebiges Frühstück –
wenn ich Zeit habe, bis tief in den Mittag hinein.
Wenn ich mag, lade ich ein paar Freunde ein,
ansonsten mache ich es nur für mich. Ich stelle
mir alle leckeren Dinge, nach denen mir der
Sinn steht, zusammen und frühstücke wie ein
König.
Einfach herrlich.

Heute ist es Zeit, ein Versprechen einzuhalten.
Hatte ich zugesagt, mich bei jemandem zu
melden oder jemandem bei einer Arbeit
zu helfen? Was immer es war, ich löse mein
Versprechen heute ein … und freue mich,
wenn der andere sich freut.

Ich sage einmal deutlich, was ich brauche. Ein Grund, warum viele von uns nicht die Hilfe und Unterstützung von anderen bekommen, die wir uns wünschen, ist, dass wir nie deutlich gesagt haben, was andere für uns tun können. Wie aber soll mir jemand helfen oder etwas Gutes tun, wenn ich mich nicht mitteile? Mehr als ein „Nein" kann ich nicht ernten, und über jedes „Ja" freue ich mich.

Ich tanz' mich frei – egal, wo ich gerade bin. Wenn ich heute in einer langweiligen Sitzung ausharren oder endlos lang beim Arzt warten muss, dann freue ich mich auf einen mentalen Tanz in meiner Vorstellung. Ich schließe die Augen und stelle mir einen großen Ballsaal vor. Und dort tanze ich. Ich habe die ganze Tanz-fläche für mich – welch ein Genuss! So lässt sich das Warten aushalten.

Im normalen Alltag gehen wir in der Regel wie mit Scheuklappen durch die Gegend. Wir haben es meist eilig, und da bleibt keine Zeit, die Augen eines Kindes in der U-Bahn zu bewundern oder zu überlegen, warum die Frau, die mir entgegenkommt, still in sich hineinlächelt. Ich freue mich darauf, mich heute von solchen Szenen tief in mir berühren zu lassen.

Ich nehme mir vor, mehr auf das befriedigende Gefühl zu achten, das sich z. B. einstellt, wenn ich meinen Durst oder Hunger stille.
Oder wie wohlig es sich anfühlt, wenn ich müde ins Bett falle, und wie angenehm, wenn ich zart berührt werde.
Einfache Freuden, die sich durch unsere bewusste Aufmerksamkeit verstärken.

Welches war das bisher schönste Erlebnis in meinem Leben? Kann ich mich für eines entscheiden oder fallen mir mehrere ein? Ich denke an die jeweilige Situation zurück und tauche ganz in sie ein. Das Glücksgefühl von damals steigt in mir auf und zaubert ein Lächeln auf mein Gesicht.

Heute schreibe ich einfach zwischendurch eine Postkarte an einen lieben Menschen, von dem ich lange nichts mehr gehört habe. Ich suche mit Bedacht ein passendes Motiv aus und formuliere ein paar herzliche Gedanken. Vielleicht höre ich ja bald von ihm oder ihr?

Viele von uns verändern die Natur, indem sie Gärten gestalten, Beete anlegen und Blumen pflanzen und züchten. Es sind vor allem die großen und schönen Pflanzen, die durch ihre Blüten oder ihren Duft unsere Aufmerksamkeit auf sich ziehen. Aber auch am Wegesrand lassen sich oft ganz unerwartet kleine Wunder entdecken. Ich achte heute ganz bewusst auf all das, was ich jenseits von Beeten oder angelegten Parkwegen in der Natur finde. Zauberhafte, zarte Pflanzen, echte Überlebenskünstler – und wenn ich mir die Stämme der Bäume genauer anschaue, kann ich oft richtige Gesichter darin erkennen. Vielleicht entdecke ich auch einen schillernd bunten Käfer, fleißige Ameisen oder eine leuchtend rote Libelle. Wunder gibt es oft direkt vor unseren Füßen.

Die Welt mal ganz anders erleben: Ich bitte
einen Freund oder eine Freundin darum, mich
auf einem Spaziergang zu begleiten. Ich schließe die Augen und lasse mich führen. Ich nehme
wahr, wie viel intensiver Geräusche, Gerüche
und Berührungen werden und wie hilflos und
unsicher ich mich vielleicht fühle. Und ich lerne, dem, der mich führt, zu vertrauen.

Manches ist so selbstverständlich, kann aber
durch etwas mehr Aufmerksamkeit zu einer
kleinen Alltagsfreude werden: z. B. das An-
ziehen eines frischen T-Shirts, mit dem man
sich rundum sauber und wohl fühlt, oder das
Föhnen der Haare, bei dem man die warme Luft
genießen kann. Ich achte heute einmal ganz
bewusst auf solche unscheinbaren Freuden und
genieße sie.

Einmal wieder bis zum Horizont schauen können. In unseren Städten und verbauten Regionen sehen wir selten den Horizont. Dabei tut es so gut, einmal endlos weit gucken zu können – das öffnet die Seele und befreit.
Ich fahre heute entweder zu einem hohen Gebäude, von dem aus ich ganz weit schauen kann, oder an eine Stelle in der Natur, wo sich mir ein Blick auf den Horizont eröffnet.

Es gibt Gegenstände, die uns über lange Zeit begleiten: eine Jacke, die wir seit Jahren immer wieder gerne tragen, ein Schmuckstück, das uns immer wieder bezaubert, eine Tasse, die wir schon seit unserer Kindheit haben. Heute freue ich mich an diesen Dingen, die mir viel bedeuten.

Ich versende heute kleine Gedankengeschenke voller positiver Energie. Dazu setze ich mich für ein Weilchen in ein Straßencafé und beobachte die vorübergehenden Leute. Jedem, der mir ins Auge fällt, sende ich einen netten Gedanken und bereichere damit nicht nur seinen, sondern auch meinen Tag.

Wenn wir die Nachrichten hören oder die Zeitung lesen, scheint es manchmal, als wäre die Welt nur schlecht. Tatsächlich gibt es aber auch vieles, was gut funktioniert und wunderschön ist.

Ich freue mich heute darauf, einmal ganz bewusst wahrzunehmen, wie gut unser Alltagsleben organisiert ist – wir leben in Häusern, die andere für uns gebaut haben, wir essen, was andere für uns kultiviert und verarbeitet haben. Es gibt Ärzte, die für Kranke und Verletzte sorgen, es gibt Lehrer, die unsere Kinder unterrichten usw. Und irgendwo in diesem komplexen System habe auch ich meinen Platz und sorge ein Stück weit selbst dafür, dass alles so funktioniert, wie es funktionieren soll. Ein tolles Gefühl.

Ich mache mich auf die Suche nach einem sogenannten „Handschmeichler", also z. B. einem
Stein, der für mich angenehm in der Hand zu
halten ist. Danach muss ich vielleicht einige Zeit
suchen und ganz verschiedene Steine in die
Hand nehmen. Dabei registriere ich ganz bewusst, wie unterschiedlich Steine sein können.
Mein ausgewählter Handschmeichler findet
dann bei mir ein gutes Zuhause.

Etwas für meine Fitness, auch im Büro:
Ich stelle mich mit ca. einem Meter Abstand vor
eine Wand. In Brusthöhe stütze ich mich dann
mit meinen Handflächen an der Wand ab. Nun
strecke und beuge ich die Arme langsam und
kraftvoll. Dabei bleibe ich im Rücken gerade
und lass meine Fersen auf dem Boden.
15-mal wiederhole ich das und habe das gute
Gefühl, etwas für mich getan zu haben.

Ich nehme mir heute die Zeit, um in einem gut sortierten Schreibwarengeschäft einen für mich passenden Stift zu finden. Kugelschreiber und andere Stifte haben wir wohl alle in großer Auswahl – aber einen, der wirklich zu uns passt und mit dem es sich viel leichter ordentlich schreibt?
Den zu finden, ist gar nicht so einfach. Ich freue mich schon jetzt darauf, demnächst mit ihm zu schreiben.

Heute mal in den Park gehen und den Hunden beim Spielen und Toben zuschauen. Was für eine Freude ist das! Besonders die jungen Tiere sind so ausgelassen und fröhlich und purzeln über ihre eigenen Beine – da hätte ich richtig Lust, einfach mitzumachen und selbst über die Wiese zu rennen.
Vielleicht auch eine gute Idee ...

Ich bereite mir heute einen großen Teller voller kleiner Köstlichkeiten zu. Von allem, was ich gerne mag, tue ich etwas auf den Teller und richte es richtig schön an. Vielleicht möchte ich dazu noch schnell zum Supermarkt gehen und mir etwas ganz Besonderes dazuholen – oder aber ich schaue, was ich im Haus habe, und verwöhne mich damit.

Angeblich lachen wir durchschnittlich nur sechs Minuten pro Tag. Sechs Minuten von 24 Stunden sind entschieden zu wenig. Deshalb freue ich mich darauf, heute richtig oft aus vollem Halse zu lachen.
Zum Beispiel über einen Witz, eine lustige Begebenheit oder auch über mich selbst. Lachen tut so gut – wie schön, dass ich es kann!

Ein Fest für die Nase: Wo immer ich heute
eine Blume finde, stecke ich meine Nase hinein
und sauge den Duft tief ein. Vielleicht finde
ich unterschiedliche Blumen und kann über
die Vielfalt der Düfte staunen. Selbst bei unter-
schiedlichen Rosen sind die Düfte ganz
verschieden.
Ein sinnliches Vergnügen.

Ich freue mich darauf, meinen Partner oder
meine Partnerin noch besser kennenzulernen:
Ich frage nach den frechsten Flausen, die er
oder sie als Kind im Kopf hatte, und höre gespannt und amüsiert zu. Danach erzähle ich
von meinen eigenen Streichen.

Heute veranstalte ich ein fröhliches Pizzafest!
Dazu lade ich einige Freunde ein oder wir tun
uns als Familie zusammen, und dann machen
wir gemeinsam unsere eigene Pizza. Jeder darf
sich seinen Teil mit allem belegen, worauf er
Lust hat. Wir markieren vor dem Backen jeweils
unser persönliches Stück und lassen es uns
richtig schmecken.

Wenn ich drei Wünsche frei hätte – was
würde ich mir wünschen? Es macht Spaß,
über diese Frage nachzudenken, auch wenn
es gar nicht so leicht ist, sich zu entscheiden.
Besonders schön ist, wenn man feststellt,
dass man eigentlich auch so schon vieles
von dem hat, was man sich wünscht!

Mal wieder etwas dazulernen: Ich bringe heute etwas über die verschiedenen Weltreligionen in Erfahrung. Vielleicht lese ich dazu ein Buch oder aber ich besuche die entsprechenden Kirchen oder Tempel. Wer weiß, vielleicht finde ich dort auch jemanden, der mir von seiner Religion erzählt. Ich höre gespannt zu und freue mich über neues Wissen.

Ich fahre mit der U-Bahn oder dem Bus in eine Gegend meiner Stadt, die ich noch gar nicht kenne. Irgendwo dort steige ich aus und schaue mich um. Ich laufe durch die Straßen, erkunde das Angebot der Läden, achte auf die Menschen, die dort wohnen und arbeiten, und nehme die Stimmung ganz in mich auf. Ein bisschen ist das wie Urlaub – aber ohne lange Anreise und fast kostenlos.

Ich beginne ein Glücksalbum.

Dazu suche ich mir ein großformatiges, schönes Buch oder auch ein Fotoalbum aus und fülle es z. B. mit Fotos, die von mir gemacht wurden, als ich richtig glücklich war, mit Aufnahmen von Orten, an denen ich mich rundum wohlfühlte, Bildern von Menschen oder auch Tieren, mit denen ich viel Freude und Spaß hatte. Ich bastle mir daraus meine ganz persönlichen Glückscollagen und reichere das Ganze noch mit Erinnerungsskizzen, schönen Zitaten, inspirierenden Gedichten, Glücksideen u. Ä. an. Das tut schon gut, während ich es mache, und ich habe auf diese Weise immer etwas, was ich zur Hand nehmen kann, wenn ich mal etwas brauche, was mich innerlich aufbaut.

Mut zur spontanen Lebendigkeit! Auf einer Wiese ein Rad schlagen aus purer Freude, herzlich und laut lachen, wenn mir danach ist, anfangen, von einem Bein auf das andere zu hüpfen, einfach aus Spaß an der Bewegung. Ich freue mich darauf zuzulassen, was in mir ist, ohne etwas davon zu unterdrücken.

Jeder hat so seinen Lieblingssport. Über andere Sportarten wissen wir meist wenig, verstehen die Regeln nicht und finden sie deshalb langweilig. Ich freue mich heute darauf, mal etwas über eine neue Sportart zu erfahren. Ich könnte auf ein Turnier fahren und mir die Regeln erklären lassen. Oder ich nehme selbst eine Probestunde, um zu testen, ob das nicht etwas für mich sein könnte.

Heute nehme ich mir genau die Zeit, die ich brauche, um meine Entscheidungen zu treffen. Ich lasse mich nicht stressen oder drängen, sondern wähle z. B. im Restaurant ganz in Ruhe das aus, was ich essen möchte, oder lasse mir beim Einkaufen ganz bewusst Zeit, um nur die Dinge zu kaufen, die ich wirklich möchte. Damit setze ich ein wohltuendes Zeichen gegen die Hektik des Alltags.

Ich schenk' mir einen Regenbogenkristall. Ein Regenbogenkristall ist aus geschliffenem Glas. Er reflektiert das Sonnenlicht und zaubert wundervolle Farbspiele in meine Wohnung, wenn ich ihn ins Fenster hänge. Laut der chinesischen Harmonielehre „Feng Shui" sorgt er für positive Energien.

Haben wir nicht alle schon mal etwas getan oder gesagt, was wir uns bis heute selbst übel nehmen? Das belastet uns und tut nicht gut. Ich freue mich darauf, mir heute ganz bewusst solch eine Sache selbst zu verzeihen – am besten schriftlich, damit ich sehe, dass ich es ernst meine.

Ich zeige – ohne Grund oder besonderen Anlass – einem anderen Menschen meine Zuneigung oder Liebe. Das kann mein Lebenspartner oder meine Lebenspartnerin sein, ein Freund oder eine Freundin, meine Eltern oder jemand anderes. Ich zeige ihm oder ihr durch eine Geste, ein Wort oder ein besonderes Zeichen, was ich empfinde. Heute ist dafür genau der richtige Moment. Einfach so.

Ich will meine Stadt einmal beim Aufwachen erleben. Dazu stelle ich mir den Wecker auf die Zeit kurz vor Sonnenaufgang und fahre mit dem Rad, Bus oder Auto durch die noch ganz leeren Straßen. Nach und nach gehen immer mehr Leute zur Arbeit und die Stadt wird immer lebendiger.
Toll, das mitzuerleben!

Ich freue mich darauf, mein Glück oder einen Erfolg mit anderen zu teilen. Wenn wir etwas Schönes erleben, ist es genauso wichtig, davon einem vertrauten Menschen erzählen zu können, wie wenn wir Schwierigkeiten haben oder uns Schlimmes widerfährt. Wenn wir Glück mit unseren Lieben teilen, verdoppelt es sich.

Wenn das, was wir tun, sinnvoll ist, geht uns die Arbeit leichter von der Hand. Im Alltagsstress vergessen wir aber oft, aus welchem Grund wir etwas tun. Deshalb nehme ich mir heute die Zeit, mir einmal zu überlegen, was alles in meinem Leben Sinn ergibt.

Schön zu wissen, dass ich wichtig bin.

Ich beobachte aufmerksam die Menschen auf der Straße und registriere, auf wie viele Arten man schön sein kann. Zunächst fallen mir wahrscheinlich vor allem die jungen, faltenfreien Gesichter und durchtrainierten Körper auf. Aber bei genauerem Hinsehen entdecke ich Schönheit genauso in älteren Gesichtern und weniger sportlichen Figuren. Ich muss sie nur sehen wollen.

Heute mach' ich jemandem ein richtig nettes Kompliment. Vielleicht lobe ich eine neue Frisur, ein besonders schönes Kleidungsstück oder auch eine Tat oder Äußerung. Es ist nicht wichtig, wem ich das Kompliment mache und auch nicht, was ich genau sage, sondern nur, dass ich es ehrlich meine. Und selbst wenn der andere verlegen ist, weiß ich doch, dass es ihm oder ihr guttut.

Ich freue mich darauf, mich nicht von meiner Wut oder meinem Ärger beherrschen zu lassen. Wenn etwas schiefläuft oder ich mich provoziert fühle, dann schreibe ich meine Gedanken und Gefühle kurz auf und sage mir, dass ich mich damit später beschäftige. So bekomme ich den Kopf wieder frei. Und wenn ich später auf meine Notizen schaue, ist das Schlimmste schon vorbei.

Mit Freude mache ich mich an eine kleine Kreativitätsübung für zwischendurch: Ich nehme mir ein Blatt Papier und male 15–20 gleich große Quadrate mit Abstand voneinander darauf. Nun ergänze ich nacheinander jedes der Quadrate zu einem sinnvollen Bild, das erste z. B. zu einem Fernseher, das zweite zu einem Fenster usw. Ich lasse mir ganz verschiedene Sachen einfallen und bin so kreativ wie möglich.

Ich schaue zum Himmel und beobachte einen Vogel beim Fliegen. Ich staune über diese fantastische Fähigkeit und stelle mir vor, wie es wäre, meine eigenen Flügel öffnen und fliegen zu können, wohin ich möchte. Ich kann dazu die Augen schließen und mir die Welt aus Sicht des Vogels vorstellen. Dabei fühle ich mich ganz leicht und frei.

In jeder Stadt gibt es öffentliche Kunstwerke oder Denkmäler. Vielleicht habe ich bisher nicht darauf geachtet und z. B. nicht einmal gemerkt, dass ich täglich an einem von ihnen vorbeigehe? Ich suche mir heute eine Plastik aus und finde heraus, welcher Künstler sie geschaffen hat. Was verkörpert das Kunstwerk? Wann entstand es? Für welchen Anlass wurde es erstellt? Und was verbinde ich damit?

Ich nehme mir heute die Zeit, all derer zu gedenken, die ich bislang verabschieden musste: Familienangehörige, die gestorben sind, Haustiere, die wir begraben haben, aber auch Freunde und andere wichtige Menschen, von denen ich mich trennen musste. Ein bisschen Wehmut dabei ist gewollt – sie zeigt mir, was mir diese Menschen und Tiere bedeuteten. Gleichzeitig kann ich mich darüber freuen, sie gekannt zu haben.

Ich freue mich auf eine kleine Fantasiereise zwischendurch: Dazu nehme ich mir ein paar Minuten Zeit und setze mich bequem hin. Ich schließe die Augen und atme einige Male tief durch.

Nun stelle ich mir vor, dass ich hinabtauche in eine Unterwasserwelt. Ich brauche dabei keine Angst zu haben, denn ich kann unter Wasser atmen und mich dort frei und elegant bewegen, wie ein Delfin. Ich tauche hinunter in türkisblaues Meer. Dort begegne ich bunten Fischen und staune über die Lichtspiele der Sonne. Ich genieße es, meinen Körper im wohlig warmen Wasser ganz entspannt und voller Leichtigkeit zu bewegen.

Wenn ich mich erfrischt habe, kehre ich munter zurück in die Gegenwart.

Heute suche ich mir einen Ahornbaum.
Seine Samen bilden lustige grüne Nasen. Eine
solche pflücke ich mir. Vorsichtig öffne ich den
dickeren Teil direkt an der Naht und erhalte so
eine putzige Nase, die ich mir auf meine eigene
kleben kann. Ich laufe ein Weilchen als Nashorn
herum und freue mich, andere auf diese Weise
zum Lachen zu bringen.

„Bunt, bunt, bunt sind alle meine Farben ..."
Dieses Farbsuchspiel spiele ich einfach mal
mit mir selbst. Ich gehe dazu ganz aufmerksam durch den Tag und achte auf alle Blautöne.
Oder ich suche so viele verschiedene Gelb-
nuancen wie möglich. Oder es wird ein rosa-
roter Tag für mich.
Ich bin heute ganz im Farbenrausch.

Ich lade heute liebe Menschen zum Essen ein. Und für jeden Einzelnen lasse ich mir eine nette Überraschung einfallen – ein kleines Geschenk, eine bestimmte Geste, ein besonderes Ritual. Ich freue mich darauf, anderen heute eine liebevolle Freude zu machen und Zeit mit ihnen zu verbringen.

Wenn ich das nächste Mal auf irgendetwas warten muss, dann werde ich diese Momente mit einer kleinen Denksportaufgabe sinnvoll füllen:
Ich suche mir ein etwas längeres Wort, z. B. „Eisenbahnschiene" oder „Präsentkorb", und bilde aus den Buchstaben in diesem Wort neue Wörter. Beispiel: bei „Eisenbahn": „Besen","Nase","Bein" usw. Das macht Spaß und ich tue damit auch noch etwas für meine geistige Fitness.

Ein Land, in das ich gern einmal reisen würde
... heute suche ich es mir im Atlas und stelle mir
vor, wie ich mich auf den Weg dorthin mache.
Welches Reisemittel würde ich am liebsten
wählen, wenn Geld und Zeit keine Rolle spielen
würden? Zug, Schiff, Flugzeug? Wenn ich an-
gekommen bin, gibt es viel zu endecken. Was
genau?
Das bringe ich durch einen Blick ins Lexikon in
Erfahrung oder ich blättere in einem Reisefüh-
rer oder recherchiere zu dem Land im Internet. Nun lerne ich noch einige Wörter aus der
Sprache, die man dort spricht, und schaue mir
an, ob und zu welchem Wechselkurs ich Geld
tauschen müsste. Nach und nach wird meine
Vorstellung von diesem Land immer plastischer,
und bald habe ich so konkrete Bilder dazu im
Kopf, als wäre ich bereits dort gewesen.

Irgendwo in meiner Gegend gibt es ganz bestimmt ein Sonnenblumenfeld. Dort fahre ich
hin, wenn es jahreszeitlich passt. Ein großes
Feld dieser „Gute-Laune-Blumen" in natura
zu sehen, erfüllt mich mit Freude und positiven
Gedanken.
Vielleicht kaufe ich mir auch eine Sonnenblume
in der Gärtnerei ...

*„Das Universum ist aus Geschichten
geschaffen, nicht aus Atomen."*
Muriel Rukeyser

Diesen wunderbaren Satz nehme ich zum
Anlass, mir heute zu überlegen, welches die
Geschichten meines ganz persönlichen
Universums sind. Ich schreibe sie auf – nur
für mich allein.

Ich freue mich auf einen Genuss der besonderen Art: Dazu kaufe ich mir ein Töpfchen
10-prozentigen griechischen Jogurt. Den gebe
ich mit frischem Obst – Beeren, Äpfel, Bana-
nen – und etwas Honig in eine Schale. Dann
noch ein paar Walnüsse, und ich kann herrlich
schlemmen. Und wenn ich die Augen dabei
schließe, fühle ich mich, als säße ich direkt in
einer Taverne in Griechenland.

Heute fordere ich jemanden zu einem kleinen
Wettstreit heraus: Wir lassen flache Steine über
eine ruhige Wasserfläche hüpfen. Wer es öfter
schafft, hat gewonnen.
Ein Spiel, das sich an Seen, kleinen Bächen oder
auch Flüssen spielen lässt. Und will keiner mitmachen, schau ich einfach, wie gut ich mit ein
wenig Übung werden kann.

Ich freue mich darauf, mir eine kleine Schatzkiste anzulegen, in der ich einige ausgewählte Dinge aufbewahre, die mir viel bedeuten. Vielleicht ein gerahmtes Foto, eine besonders schöne Muschel, die ich in einem Urlaub gefunden habe, die Uhr meines Großvaters, ein Buch, das mir wichtig ist ...
Hin und wieder öffne ich dann die Kiste und freue mich über den Inhalt.

Mal auf Entdeckungsreise gehen:
Ich leihe mir ein starkes Fernglas aus und fahre hinaus in die Natur. Auf einem Hochsitz bleibe ich mindestens eine halbe Stunde, möglichst aber länger sitzen und schaue einfach, was es von dort aus zu entdecken gibt. Dabei warte ich nicht nur auf große und kleine Tiere, sondern achte auch auf Lichtspiele, auf die Farben, und ich fange die Stimmung ein.

Anderen eine Freude machen: Ich lasse jemandem, den ich gern mag, einen Blumenstrauß zuschicken. Auf das Kärtchen schreibe ich etwas Persönliches, wie z. B. „Für den besten Organisator der Firma" oder „Für die aufmerksamste Freundin, die es gibt", aber ich verzichte darauf, meinen Namen zu nennen.
Und dann stelle ich mir vor, wie sich der- oder diejenige freut. Schön!

Ich möchte heute mal keine Gräueltaten in mein Leben lassen. Das heißt, ich schaue heute keine Krimis oder Thriller, höre keine Nachrichten und lese keine Zeitung. Stattdessen lese ich etwas Inspirierendes und lausche meiner Lieblingsmusik. Ein friedlicher Tag für mich.

Ich gehe mal wieder auf einen Jahrmarkt und staune über all die bunten Farben, schnellen Karussells und das schillernde Angebot. Ich gönne mir eine riesig-klebrige Zuckerwatte und genieße das spielerische Treiben der Leute um mich herum. Es gibt so viel zu sehen!

Ich freue mich darauf, jemanden für etwas begeistern zu können. Vielleicht möchte ich einen Freund oder eine Freundin für ein gemeinsames Vorhaben gewinnen oder meinem Partner oder meiner Partnerin von dem Buch erzählen, das mich gerade so fasziniert? Was immer es ist, ich lasse meine eigene Begeisterung sprühen und reiße so andere mit.

Mal wieder balancieren: Ich suche mir eine kleine Mauer oder nehme den Bordstein, und nun versuche ich, darauf das Gleichgewicht zu halten. Es ist mir egal, was andere Passanten vielleicht denken, denn es ist schön, solchen spontanen Impulsen zu folgen. Als Kinder konnten wir das alle und heute auch, wenn wir uns nur trauen.

Eine erfrischende Köstlichkeit an einem anstrengenden Tag: Ich nehme einige gefrorene Erdbeeren und eine reife Banane, etwas Wasser, etwas Zucker oder Süßstoff und einige Eiswürfel. Das gebe ich in den Mixer und genieße es sofort!

Es gibt viele Dinge, die wir zwar kennen, die wir aber nicht wirklich begreifen. Als Kinder fragten wir den Erwachsenen Löcher in den Bauch – heute trauen wir uns das leider viel weniger, und so füllen wir viel zu selten unsere Wissenslücken. Ich freue mich heute darauf, etwas zu verstehen, was mir bisher unklar war. Vielleicht hadere ich mit bestimmten Rechenarten oder mit den Komma-Regeln, vielleicht weiß ich nicht wirklich, warum ein Auto fährt oder wie Solarenergie funktioniert? Vielleicht habe ich keine Ahnung, wie bei uns Gesetze gemacht werden oder wie die UNO arbeitet?
Was immer es ist, ich lasse es mir heute so erklären, dass ich es verstehe – notfalls auch mehrmals von verschiedenen Personen.

„Wenn Liebe einmal gekeimt hat,
treibt sie Wurzeln,
die nicht mehr aufhören
zu wachsen."
Antoine de Saint-Exupéry

Zu lieben – was für ein wundervolles Gefühl!
Ich überlege, wen und was ich alles in meinem
Leben liebe. Das erfüllt mich mit tiefem Glück.

Ich singe heute so oft und so lange ich mag.
Ob aktuelle Popsongs, Folksongs oder Kirchen-
lieder – ich singe, was mir gefällt. Und es ist mir
egal, ob ich es nun gut kann oder nicht – sin-
gen macht Spaß und gute Laune. Und genau
darauf freue ich mich.

Eine Augenentspannungsübung:
Ich schließe die Augen und schau hinter den geschlossenen Lidern im Takt meiner Atmung erst nach oben, dann nach unten, dann nach rechts und dann nach links. Dabei achte ich bewusst darauf, wo jeweils meine Atembewegung spürbar wird. Ich werde merken, dass sie immer in die Richtung geht, in die ich blicke. Ich genieße diese neue Körperwahrnehmung.

Es gibt unzählige Kurse, Ratgeber und Programme, mit denen ich an meinen sogenannten „Schwächen" arbeiten kann. Aber – will ich denn wirklich perfekt sein? Ganz abgesehen davon, dass das ein unerreichbares Ziel ist, sind es doch auch unsere kleinen Schwächen, die uns menschlich und liebenswert machen. Ich gönne mir meine Schwächen und freue mich über sie.

Einfach mal im Regen duschen! Das nächste Sommergewitter ist meines! Ich gehe hinaus und lasse mich ganz und gar nass regnen. Herrlich, wie erfrischend das Nass nach einem heißen, schwülen Tag ist. Und es macht überhaupt nichts, dass ich bis auf die Haut durchweiche – zu Hause wartet ein trockenes Handtuch auf mich.

Ich freue mich auf eine Rückenmassage, die ich mir selbst geben kann. Den unteren und mittleren Teil meines Rückens kann ich wohltuend selbst bearbeiten: Ich schließe meine Hände zu Fäusten und führe sie mit den Handrücken zu mir nach hinten auf den Rücken. Dort kann ich nun ganz nach Lust und Bedarf reiben, drücken, klopfen oder streicheln.

Viele Menschen leben in einem ständigen Mangelbewusstsein. Sie glauben, zu wenig Zeit, zu wenig Geld, zu wenig Freude u. Ä. zu haben. Aus dieser Perspektive macht das Leben meist wenig Spaß. Ich kann aber meinen Fokus auch auf den Überfluss richten und mir klar machen, wie reich ich bin: Ich lebe in einem reichen Land, und ein soziales Netz fängt mich auf, wenn ich stolpere. Ich lebe an einem Ort, der im Sommer üppig grün wird und uns eine reiche Ernte beschert. Ich habe Familie und Freunde und bin nicht allein, und überall könnte ich neue Leute kennenlernen, wenn ich wollte. Ich bin umgeben von Dingen, die ich mir kaufen könnte. Es ist wundervoll, mir klarzu-machen, in welchem Überfluss ich lebe!

Ich freue mich darauf, andere Meinungen kennenzulernen. Meine eigenen Ansichten kenne ich ja zur Genüge – wie spannend kann es da sein zu erfahren, wie andere Menschen über bestimmte Fragestellungen denken. Ich kann sie mir offen anhören, ohne darum kämpfen zu müssen, meine eigene Meinung durchzusetzen. Das erweitert meinen Horizont.

Mal Theater spielen: Es macht Spaß, einmal in eine andere Rolle zu schlüpfen und so zu tun, als sei man jemand anders. Auch Kinder lieben dieses Spiel. Ich probiere das heute mit meiner Familie aus: Die Kinder spielen uns Eltern, wir spielen die Kinder – oder ich spiele meinen Lebenspartner und er mich. Dabei haben alle viel Spaß und gewinnen interessante Einblicke.

Ich genieße eine kleine Entspannungsübung: Dazu lege ich mich bequem auf den Rücken, schließe die Augen und atme einige Male tief durch. Nun stelle ich mir vor, dass ich am Strand liege. Ich spüre den feinen Sand unter mir, die wärmende Sonne auf meiner Haut und die leichte Brise. Auch das Meer kann ich rauschen hören. Und so entspanne ich mich tief und wohltuend.

Heute mal Eis satt! Es gibt sicher nur wenige Kinder, die nicht davon träumen, einmal so viel Eis essen zu dürfen, wie es nur geht. Und genau das erlaube ich mir heute: Ich suche mir den größten und leckersten aller Eisbecher aus und schlemme mit purem Genuss und ohne schlechtes Gewissen. Und wenn mir danach ist, bestelle ich gleich noch einen.

Ein befreiender Gedanke: Ich muss mich mit niemandem vergleichen. Ich gebe immer mein zu dem jeweiligen Zeitpunkt Bestmögliches. Wenn jemand besser ist als ich, bin ich deshalb nicht „schlecht", und wenn jemand schlechter ist, macht mich das nicht automatisch „gut". *„Ich bin, wie ich bin, und das ist genug!"* – ein Satz, den ich mit Freude und Erleichterung denke.

Heute erinnere ich mich an meinen ersten richtigen Kuss. Wie aufregend das war, wie sehr ich verliebt war und wie überwältigt von all den ungewohnten Gefühlen. Ich denke an den Menschen, den ich damals küsste, und was wohl aus ihm oder ihr geworden ist. Ich freue mich über die Erfahrung, die ich machen durfte, und behalte den Kuss in meiner Erinnerung.

Manchmal fordert uns das Leben schon sehr: schwere Aufgaben, die es zu bewältigen gilt, Schicksalsschläge, die wir verarbeiten und schwierige Dinge, die wir lernen müssen. Wenn mir das heute vielleicht alles zu viel erscheint, dann schaue ich einmal zurück auf das, was ich schon geschafft habe, und freue mich, daraus neue Kraft ziehen zu können: So viele Aufgaben habe ich erfolgreich abgeschlossen, vielleicht auch Schicksalsschläge überwunden, und ich habe viel gelernt. Gut zu wissen und zu spüren, dass ich nicht mehr am Anfang stehe, sondern dass ich durch meine Erfahrungen und Erlebnisse gewachsen und reifer geworden bin. Ich kann noch viel mehr bewältigen, und mir das klarzumachen, gibt mir Zuversicht.

Ich suche mir ein reifes, noch nicht abgeerntetes Kornfeld, stelle mich an den Rand und lasse meinen Blick weit über die Ährenfläche schweifen. Der Wind lässt das Korn in kleinen Wellen schwingen und ich mache mir klar: Was dort wächst, ist pure Lebensenergie.

Heute bewahre ich einen kühlen Kopf. Ärger oder Unvorhergesehenes können unser Gemüt überhitzen. Wenn ich heute innerlich koche, denke ich an einen klaren Bergsee und stelle mir vor hineinzuspringen. Wie erfrischend kühl das ist! Ich schwimme dort einige Runden, und mit klarem Kopf öffne ich die Augen, um mich wieder dem Alltag zu widmen.

Bei Kopfschmerzen tue ich mir etwas Gutes!
Ich nehme 10-prozentiges Pfefferminzöl,
das ich kaufen oder mir mit 20 Tropfen des
ätherischen Öls der Pfefferminze auf 10 ml
Jojoba-Öl selbst mischen kann, und tupfe
davon etwas auf meine Stirn und die Schläfen.
Ich massiere es mit sanften Kreisbewegungen
ein und wiederhole das Ganze nach circa
15 Minuten.

Ich freue mich auf einen Abend ganz allein.
Meine Lieben bitte ich, etwas Schönes zu
unternehmen, damit ich die Wohnung einmal
nur für mich habe. Dann gehe ich durch die
Räume und nehme bewusst wahr, wie still es
ist. Worauf habe ich jetzt Lust? Ich muss keine
Rücksicht nehmen, sondern kann alles tun, was
ich möchte. Ein Stück Freiheit nur für mich.

Ich denke darüber nach, ein Klassentreffen zu organisieren. Einmal all die alten Schulkameraden, Freundinnen und vielleicht auch den einen oder anderen Lehrer wiederzusehen, wäre doch sicher spannend. Ich krame dazu gleich die Adressen raus, die ich noch weiß, und schaue im Telefonbuch nach, wer noch in der Stadt ist. Gemeinsam können wir alle zusammentrommeln.

Ich kann mich jederzeit für einige Momente an einen ganz stillen Ort zurückziehen. Dafür brauche ich nur meine Vorstellungskraft und etwas Übung. Ich schließe die Augen und stelle mir einen Lautstärkeregler vor. Mit dem kann ich nun alle Gedanken und Stimmen in mir sowie alle Geräusche von außen einfach leiser und leiser stellen, bis es ganz ruhig ist.

Viele von uns geraten immer öfter in die Be-
schleunigungsfalle: Wir versuchen alles immer
schneller zu tun aus dem Wunsch heraus, Zeit
zu sparen. So fahren wir zu schnell Auto, essen
Fast Food oder hecheln Bücher durch. Aber
was tun wir mit der gewonnenen Zeit?
Füllen wir sie nicht meist mit neuen Aktionen,
um noch mehr Zeit zu sparen? So bleiben
Lebensgenuss, Bewusstsein und Freude auf der
Strecke. Ich entschleunige den heutigen Tag,
nehme mir die Zeit, die ich brauche, und freue
mich darauf, die Dinge um mich herum plötzlich viel bewusster zu erleben.

Kritik kann uns tief treffen. Wie gut, wenn ich Kritik als das sehen kann, was sie ist: eine Meinung. Nicht mehr und nicht weniger. Jemand, der mich kritisiert, äußert damit seine Meinung über mich oder meine Handlungen. Ich kann mir seine Meinung in aller Ruhe anhören und dann frei entscheiden, was ich damit tun will.

Heute schlafe ich mal auswärts. Als Kinder liebten wir es alle, beim Freund oder der Freundin zu übernachten. Das Kichern und Quatschen ging bis tief in die Nacht, und es war immer ein toller Spaß. Warum nicht einfach auch jetzt einmal eine Nacht bei der besten Freundin oder dem besten Freund verbringen? Es gibt sicher noch immer vieles zu bereden.

Herrlich, die Möglichkeit zu haben, das eigene Leben aktiv zu gestalten! Es gibt so viele Schrauben, an denen wir drehen können, so viele Weichen zu stellen und so viele Wege zu wählen. Ich freue mich darüber, so reich an Möglichkeiten zu sein.

Ich versüße mir meine Arbeit oder auch das, was ich im Haushalt tun muss: Ich tanze beim Staubsaugen, summe fröhlich, während ich die Buchhaltung mache, und denke an etwas Schönes, während ich zu einem Kunden fahre. So geht mir alles viel leichter von der Hand.

Ich suche mir eine Schaukel und schwinge mich auf ihr in die Höhe. Was für ein herrliches Gefühl, wenn der Magen ein bisschen hüpft und der Wind mir das Haar zerzaust. Voller Glück bin ich für einen Moment ganz Kind, und die Welt dreht sich nur für mich allein.

In der Regel streicheln sich nur Liebende und enge Familienangehörige wie die Eltern ihre Kinder, wobei das mit zunehmendem Alter der Kinder auch nachlässt. Warum heute nicht mal meine Mutter oder meinen Vater streicheln? Oder die gute Freundin, den alten Bekannten? Natürlich gilt es, hier sensibel und behutsam zu sein, aber viel mehr Menschen als ich denke, werden sich freuen.

Dass mir Spaziergänge an der frischen Luft guttun, weiß ich. Aber manchmal kann ich mich nur schwer dazu aufraffen. Da wäre ein guter Grund eine feine Sache. Ich horche mich einmal in meiner Nachbarschaft um, ob ich es nicht übernehmen könnte, regelmäßig einen Hund auszuführen, oder ich hefte einen Zettel an die Laternen in unserer Straße. Gemeinsame Spaziergänge – eine Freude für Mensch und Tier!

„Ich bin eigentlich ganz anders,
aber ich komme so selten dazu."
Ödön von Horváth

Mal ganz ich selbst sein! Aber wie bin ich denn wirklich? Ich freue mich darauf zu entdecken, welche Rollen ich einnehme und was an mir ganz ich selbst bin. Was für ein spannendes Abenteuer.

Ich suche mir einen möglichst großen und alten Baum, wie z. B. eine Eiche oder Kastanie, und stelle, setze oder lege mich darunter. Dann schaue ich durch das Blätterdach in den Himmel und genieße das Gefühl der Geborgenheit. Der Boden trägt mich und ich kann mich ganz fallen lassen.

Ich decke mich mal mit einigen Wohnzeit-schriften ein und schmökere darin, um Ideen dafür zu bekommen, wie ich meine Wohnung gemütlicher und schöner machen könnte. Das geht oft schon mit ganz kleinen Dingen – wie einem neuen Bild oder einer Grünpflanze. Vielleicht aber bekomme ich auch Lust darauf, den Pinsel zu schwingen oder neue Tapeten auszusuchen.

Ich überlege mir, ob ich nicht einen Kurs in der Volkshochschule oder einer anderen Bildungseinrichtung buchen will. Etwas, was ich vielleicht immer schon mal machen wollte und das mich hinterm Ofen vor lockt.

Ich lasse mir eine Geschichte von früher erzählen. Zum Beispiel von meinen Eltern oder, wenn sie noch leben, von meinen Großeltern. Vielleicht aber auch von der netten älteren Dame aus dem Nachbarhaus. So mache ich eine kleine Reise in die Vergangenheit.

Mal wieder etwas dazulernen: Ich überlege, zu welchem Schulfach ich auch heute nicht viel weiß. Selten holen wir als Erwachsene nach, was wir als Schüler verpassten. Dabei kann es spannend sein, einmal in einem Lexikon oder Fachbuch nachzulesen, wie das doch mit den chemischen Elementen war oder was es mit Physik und Erdkunde auf sich hatte.

Kraftvolle Gedanken: Ich erstelle eine Liste all der Dinge, die mich begeistern können. Allein diese Liste zu schreiben, macht Spaß und mobilisiert Energien. Darüber hinaus kann ich, wenn ich mal irgendwann einen „Durchhänger" habe, auf diese Liste schauen, und gleich wird es mir etwas besser gehen.

Heute lasse ich mir gute Bücher empfehlen. Ich frage dazu Freunde, Kollegen und Bekannte nach deren Lieblingsbüchern. Jeder soll mir kurz erzählen, worum es geht, und wenn mich eine Beschreibung anspricht, frage ich, ob ich mir das Buch ausborgen kann. So lerne ich auch mal ganz andere Bücher kennen und erweitere meinen Horizont.

Ich freue mich auf eine schöne Zweierübung:
Ich und mein Partner / meine Partnerin oder
mein Freund / meine Freundin schreiben jeweils
zehn Dinge auf ein Blatt Papier, von denen wir
glauben, dass sie für den jeweils anderen von
großer Bedeutung für sein Leben sind. Dann
tauschen wir die Bögen aus und unterhalten
uns darüber. Lagen wir richtig? Gibt es vielleicht
noch anderes, was uns wichtig ist?

Ich probiere aus, mit welcher Musik ich meine
Stimmungen beeinflussen kann. Es gibt Lieder,
die mich traurig machen, andere Stücke stimmen mich fröhlich. Manche schenken mir neue
Energien und bei anderen kann ich mich gut
entspannen. Wie schön, dass ich Musik ganz
gezielt für mich nutzen kann.
Langeweile ist in unserer stressigen Zeit schon
so etwas wie ein Luxus geworden. Einfach
nur rumsitzen und nichts tun – halte ich das
überhaupt noch aus? Ich schenke mir heute
eine Stunde „Nichtstun" und freue mich darauf
zu erfahren, wie ich damit umgehe. Es könnte
sein, dass sie mir richtig guttut ...

Heute bin ich kreativ mit Ton. Ton ist ein wundervolles Material: weich, sinnlich und die Fantasie anregend. In Bastelgeschäften gibt es auch Sorten, die an der Luft trocknen können. Und ich brauche nicht einmal eine Töpferscheibe, um schöne Dinge daraus zu machen, sondern kann einfach mit der Hand kleine Sterne, Herzchen u. Ä. formen und diese noch mit Ornamenten verzieren – das ergibt schöne Aufhänger für Sträuße aus Zweigen oder Tanne. Oder ich forme einen Kegel mit Löchern, sodass ich ein Teelicht hineinstellen kann und auf diese Weise ein schönes Windlicht erhalte.
Ich lasse mich einfach von dem überraschen, was mir in den Sinn kommt.

Viele von uns warten häufig darauf, dass andere aktiv werden und etwas tun – ob nun bei der Partnersuche, wenn es um eine Beförderung geht oder in anderen Situationen. Warten macht aber passiv. Wie schön, dass ich die Möglichkeit habe, selbst aktiv zu werden. Ich kann von mir aus jemanden ansprechen oder auch meine Chefin um eine Gehaltserhöhung bitten. Mehr als ein „Nein" kann mir nicht passieren.

Genüsslich schreibe ich einen ganz besonderen Liebesbrief. Vielleicht wird er ganz romantisch, vielleicht wird es ein witziger Brief, ein ganz langer, oder ich male ein Liebesbild.
Den fertigen Liebesbrief lege ich meinem Partner oder meiner Partnerin dann als Überraschung aufs Kopfkissen.

Ich möchte mal wieder ans Wasser.
Irgendwo in meiner Nähe gibt es sicher einen
See, oder vielleicht liegt ja auch das Meer in
erreichbarer Entfernung? Ich fahre dorthin und
genieße ganz bewusst den Anblick des Wassers.
Vielleicht spielt das Wetter mit und ich kann
sogar noch baden? Aber selbst wenn die Sonne
nicht lacht, hält mich das nicht ab. Auch mit
Regenjacke lässt sich die Natur genießen.

Ich erfülle mir heute einen meiner Kinderwün-
sche von früher. Wovon träumte ich als Kind?
War es ein bestimmtes Spielzeug? Wollte ich
eine besondere Veranstaltung besuchen oder
einen Ausflug zu einem speziellen Ort machen?
Heute habe ich so viele Möglichkeiten, mir meine Kinderträume zu erfüllen – welche wähle
ich für diesen Tag aus?

Als Touristen achten wir oft auf Postkartenständer und wählen für uns einige schöne Motive zur Erinnerung an unseren Urlaubsort. Genau das tue ich heute auch und suche mir eine besonders schöne Postkarte aus. Ob es nun ein Foto ist, eine Zeichnung oder ein gemaltes Bild – ich rahme sie und hänge sie auf. So kann ich mir mit einer Kleinigkeit eine bleibende Freude machen, die mich immer wieder inspiriert.

Ich bastle ein zauberhaftes Memory-Spiel: Dazu brauche ich 24 leere Walnussschalen und 2 x 12 kleine Gegenstände, die dort hineinpassen. Also z. B. zwei Knöpfchen, zwei kleine Muscheln, zwei Steinchen und Ähnliches. Die klebe ich in die Walnusshälften, die ich auch noch hübsch lackieren kann. Entweder behalte ich das Memory oder bereite damit jemandem eine Freude.

Im Alltag verlieren wir manchmal die Bodenhaftung. Wir sind so gefordert und im Stress, dass wir vollkommen den Kontakt zu dem verlieren, was uns wirklich wichtig ist. Dann plustern sich eigentlich unwichtige Dinge enorm auf und wir haben das Gefühl, alles gleitet uns aus der Hand. Wie gut tut es da, sich selbst zu erden und sich auf das zu besinnen, was uns etwas bedeutet. Ich freue mich darauf, mich in einer solchen Situation einfach selbst zu fragen: „Was ist wirklich wichtig?" Die Antworten darauf werden alles um mich herum wieder in das richtige Verhältnis rücken.

Ich recherchiere heute mal nach Künstlern in meiner Stadt, die man in ihrem Atelier besuchen darf. Es ist sehr inspirierend zu sehen, wie Kunstwerke entstehen. Ich lasse mir erzählen, wie der Künstler oder die Künstlerin auf ihre Ideen kommt, und staune über die Umsetzung.

„Humor ist der Knopf,
der verhindert,
dass uns der Kragen platzt."
Joachim Ringelnatz

Ich freue mich darauf, bei einem Missgeschick,
Ärgernis oder anderem Gegenwind statt wü-
tend oder frustriert zu sein, heute einfach die
komische Seite der Sache zu entdecken und
darüber zu kichern.

Heute ein Hörabenteuer für mich:
Ich gehe in einen großen Musikladen und lasse
mir zwei, drei CDs einer Musikrichtung vor-
spielen, mit der ich keine Erfahrungen habe.
Vielleicht tibetische Musik, etwas Experimen-
telles oder Barocklieder. So lerne ich etwas
Neues kennen ... und finde vielleicht eine neue
Lieblings-CD.

Aromatherapie für jeden Tag: Ich besorge mir einen kleinen Topf Rosmarin und nehme mir davon einen Zweig mit zur Arbeit oder an meinen Schreibtisch. Zwischendurch nehme ich ihn in die Hand, schließe die Augen und atme den intensiven Duft ein. Das tut gut und aktiviert auch noch meine grauen Zellen.

Ich freue mich darauf, meinen Wortschatz zu erweitern, indem ich neue Wörter dazulerne oder ungenutzte aktiviere. Dazu stöbere ich im Duden und lasse mich von dem überraschen, was ich da so entdecke. Das macht Spaß und trainiert ganz nebenbei meine Ausdrucksfähigkeit.

Ich betrachte mich einmal mit ganz liebevollen Augen. Ich schaue mir Fotos von mir selbst an und betrachte mich mit dem Blick eines wohlwollenden Freundes im Spiegel. Dann beantworte ich mir die Frage, was alles schön an mir ist. Ich freue mich darauf, viele zauberhafte Dinge an mir selbst zu entdecken.

Bei verspannten Schultern hilft mir heute eine kleine Visualisierung: Ich stelle mir vor, dass ich an einem See mit einem Wasserfall bin. Ich gleite in das warme Wasser und schwimme zum Wasserfall. Hier ist das Wasser flach, sodass ich stehen kann. Nun lasse ich das warme Wasser auf meine Schultern laufen, und mit dem Wasser werden all meine Verspannungen einfach fortgespült.

Ich freue mich auf einen hemmungslos sinnlosen Tag! Ich tue heute alles, was ich mir sonst nicht erlaube, weil ich den Anspruch an mich habe, meine Zeit sinnvoll zu verbringen: Ich schlafe endlos lange, schwelge in Illustrierten oder lese ein triviales, aber trotzdem spannendes Buch und hänge einfach nur rum ... Es kann so guttun, einmal ganz bewusst nichts Sinnvolles zu machen.

Ich schaffe mir einen mentalen Rückzugsort. Dazu überlege ich mir, an was für einen Ort ich mich am liebsten zurückziehen würde, wenn mir mal alles zu viel wird. Wo liegt dieser Ort? Wie sieht es dort aus? Welche Farben herrschen vor und was steht mir dort zur Verfügung? Ich male mir diesen Ort bis ins Detail aus und kann mich nun jederzeit dorthin flüchten.

Ich freue mich auf das Kino in meiner Fantasie. Dazu schaue ich mir das erste Drittel eines Films an und mache dann den Fernseher aus. Nun überlege ich, wie die Handlung weitergehen könnte. Ich werde selbst zum Regisseur und kann all meine Einfälle umsetzen. Was wird aus den Figuren? Welche unerwarteten Ereignisse treten ein? Wie endet die Geschichte?

„Ein böses Wort verletzt wie sechs Monate Frost. In einem guten Wort ist für drei Winter Wärme."
Mongolisches Sprichwort

Ich freue mich heute darauf, Wärme durch Worte zu verschenken, indem ich den Menschen um mich herum etwas Nettes sage – ganz ohne besonderen Anlass.

Auch in meiner Traurigkeit kann ein Grund zur Freude liegen, denn die Fähigkeit zu weinen ist zutiefst menschlich und zeigt mir, dass ich im Kontakt mit mir und meinen Gefühlen bin. Ich erlaube mir zu weinen – ob nun über ein trauriges Buch, einen Film oder ein Erlebnis bzw. einen Verlust, an den ich gerade denke. Meine Tränen dürfen frei fließen.

Das mit dem Älterwerden ist so eine Sache. Die Medien feiern ewige Jugend, aber wir alle stellen fest, dass die Falten nicht weniger werden und die Zeit unaufhaltsam verrinnt. Und doch hat jedes Alter seinen ganz eigenen Zauber, der sich mir eröffnet, wenn ich mich bewusst darauf einlasse. Ich freue mich darauf, so alt zu sein, wie ich es bin, und jeden Lebensabschnitt zu genießen.

Wie schön, auch mal richtig großzügig zu sein. Anstatt kleinlich auf einer Entschuldigung zu bestehen, lächle ich freundlich. Dem Bettler auf der Straße schenke ich einen Schein statt einer Münze. Und mir selbst gönne ich auch etwas richtig Schönes. Großzügigkeit auf ganz verschiedenen Ebenen.

Um meinen Horizont zu erweitern, stöbere ich in einem Philosophielexikon und lese über ganz verschiedene philosophische Sichtweisen der Welt. Ich schaue, was davon Sinn für mich macht, was mich anregt und auch, was ich vielleicht nicht verstehe. Offene Fragen bieten weiteren Stoff zum Nachdenken.

Einfach mal etwas verschenken:
Vielleicht findet eine Freundin eine meiner
Vasen so schön oder der Onkel hat sich in meinen Briefbeschwerer verliebt – es gibt immer
wieder Dinge, die uns gehören und die jemand
anderer aufrichtig bewundert. Ich schaue einmal, wie stark mein eigenes Herz daran hängt
– falls nicht zu sehr, bereite ich dem anderen
damit eine riesige Freude.

Viele von uns suchen möglichst immer nach
klaren Aussagen wie „richtig oder falsch",
„schwarz oder weiß" oder „wahr oder unwahr".
Tatsächlich aber lässt sich das in den seltensten
Fällen so eindeutig bestimmen. Im Gegenteil:
Wenn wir mehr über eine Sache erfahren,
merken wir vielleicht, dass wir mit unserer Ein-
schätzung falsch lagen. Wir erkennen plötzlich,
dass es auch noch andere Seiten und Facetten
zu betrachten gibt.

Ich freue mich darauf, gezielt verschiedene Aspekte einer Sache zu finden. Wenn ich eine Meinung höre, denke ich über andere Sichtweisen nach.
So öffne ich mich für die Vielfalt der Möglichkeiten.

Anstatt immer nur die gleichen Äpfel in der Tüte im Supermarkt zu kaufen, gehe ich doch mal auf einen großen Wochenmarkt und probiere dort all die verschiedenen Apfelsorten aus. Ganz erstaunt werde ich feststellen, wie unterschiedlich Äpfel schmecken, riechen und aussehen können. Und dann suche ich mir eine neue Lieblingssorte!

Heute gibt es eine besinnliche Märchenstunde. Dazu setze ich mich mit meinen Lieben oder mit Freunden zusammen und jeder von uns erzählt den anderen sein Lieblingsmärchen. Das ist nicht nur sehr gemütlich, sondern wir können so auch etwas Persönliches voneinander erfahren – denn die Märchen, die uns besonders gefallen, sagen immer auch etwas über uns selbst aus.

„Engel können fliegen,
weil sie sich selbst leicht nehmen."
Verfasser unbekannt

Von diesem bezaubernden Satz lasse ich mich inspirieren und nehme, egal was kommt, mich und das Leben heute leicht. Engel spielen – Engel sein.

Ich veranstalte eine Traumbörse. Dazu lade ich gute Freunde ein und lege Papier, bunte Stifte, Zeitschriften, Scheren und Klebstoff bereit. Wir überlegen, was Dinge wären, die wir uns gerne erfüllen oder die wir erreichen möchten. Über die tauschen wir uns aus und erstellen gemeinsam eine Traumcollage. Nach einer Weile schauen wir dann, wer seine Träume wie weit erfüllen konnte.

Wenn mich das nächste Mal jemand so richtig nervt, mache ich Folgendes: Im Geiste finde ich fünf Dinge, die ich an dieser Person mag oder wertschätzen kann. Schnell werde ich denjenigen dann ein bisschen anders sehen, und die positive Energie kommt wieder zu mir zurück. Glück durch Versöhnlichkeit.

Ich lege mich mal wieder in die Badewanne und lasse warmes Wasser einlaufen. Dann schließe ich die Augen und nehme ganz bewusst wahr, wie mich das flüssige Element selbst hier zu einem Teil trägt: Meine Arme schweben sogar in der Wanne! Wenn ich mag, kann ich auch in ein Thermalbad fahren, mich dort im warmen Wasser treiben lassen und das Gefühl der Leichtigkeit genießen.

Einmal ganz bei der Sache sein! Viel zu oft sind wir abgelenkt oder machen mehrere Dinge gleichzeitig. Ich lasse mich deshalb heute ganz bewusst durch nichts und niemandem von dem ablenken, was ich gerade tue. Ich konzentriere mich ganz und gar auf den Moment – frei nach den Worten des Zen-Meisters Thich Nhat Hanh: *„Schenke dir selbst ein Lächeln und sage dir: ‚Es gibt nichts Wichtigeres in meinem Leben, als diesen Teller abzuwaschen.' Bist du wirklich präsent, so kann Geschirrspülen eine tiefe und freudvolle Erfahrung sein. Wenn du aber abwäschst und dabei an ganz andere Dinge denkst, verschwendest du deine Zeit, und vermutlich werden die Teller auch nicht ganz sauber."*

Ich könnte einmal in das Heimatmuseum meiner Stadt oder meiner Region gehen und mich dort auf eine spannende Entdeckungsreise begeben. Selbst in den Heimatmuseen der kleinsten Städtchen gibt es Kurioses, Interessantes und Wissenswertes zu entdecken. Es ist faszinierend, auf diese Weise in der Geschichte zu stöbern.

Eine belebende Duftölmischung für mich: 3 Esslöffel Mandelöl, 2 Tropfen Lavendel-, 4 Tropfen Grapefruit- und 2 Tropfen Rosmarinöl. Einige Tropfen davon gebe ich in meine Duftlampe und atme den Duft tief ein. Wenn mir danach ist, kann ich mich mit dem Öl auch liebevoll massieren lassen. Sinnlicher Genuss auf verschiedenen Ebenen.

Gemocht und geliebt zu werden – ein herrlicher Anlass zur Freude! Nur nehmen wir das meist als viel zu selbstverständlich hin. Ich schreibe mir deshalb heute einmal auf, welche Menschen mich alle mögen und welche mich lieben. Schön zu wissen, dass es sie gibt.

Mal wieder Radio hören – ganz bewusst. Aber keine Musik. Stattdessen suche ich mir ein Hörspiel oder -buch aus dem Programm heraus. Dann kuschle ich mich gemütlich aufs Sofa, schließe die Augen und folge dem Geschehen. In meinem Kopf mache ich mir zu dem Gehörten dann meine ganz eigenen Bilder und genieße das „Vorgelesen-bekommen" wie früher als Kind.

„Sorge im Glück dafür,
dass du unglücklich zu sein
verträgst."
Lisa Wenger

Tatsächlich ist es hilfreich, in guten Zeiten für die schlechteren vorzusorgen. Ich kann mir zwar keinen Glücksvorrat anlegen, da sich dieses Gefühl nur bedingt konservieren lässt, aber ich kann mir heute einige Strategien überlegen, was ich tun kann, wenn es mir mal nicht so gut geht.

Ich denke mir verschiedene Möglichkeiten aus, z. B. wie ich meine Gefühle zulassen und ausleben kann, wodurch ich mich aufheitern könnte, wo ich Hilfe finde, was mir guttun würde u. a. So sammle ich einen Wintervorrat für meine Seele.

Ich brühe mir meinen Lieblingstee oder einen guten Kaffee auf und fülle ihn in meine Thermoskanne. Dann gehe ich, egal welches Wetter heute ist, hinaus in die Natur und mache einen schönen Spaziergang. Wenn mir kalt wird, trinke ich eine Tasse und genieße es, von innen gewärmt zu werden. Das tut einfach gut.

Heute mache ich eine kleine Reise in die Vergangenheit: Ich hole meine alten Fotoalben hervor und schmökere in Erinnerungen. Ich schaue mir meine Kinderfotos an, und vielleicht finde ich auch Bilder meiner Eltern und Großeltern, als diese klein waren? So begebe ich mich auf eine Zeitreise in meine eigene Geschichte.

Beim nächsten Regen schnappe ich mir meine Gummistiefel und freue mich darauf, durch die Pfützen zu tanzen. Als Kind gab es da oft Schimpfe – heute kann ich es so lange und heftig tun, wie ich möchte. Ein herrlicher Spaß!

Bunte Freudenvorsorge: Ich kaufe mir einen großen Beutel Blumenzwiebeln und pflanze sie in meinen Garten oder auf den Balkon. Und dann freue ich mich schon heute auf die kommenden Farbtupfer.

Ich freu mich darauf, ruhig auch mal „Nein" zu sagen, wenn mir danach ist. Ich muss nicht alle Aufgaben und Bitten, die an mich herangetragen werden, annehmen und ich muss nicht allen Erwartungen entsprechen. Ich kann ruhig und freundlich „Nein" sagen, wenn mir etwas zu viel wird. So sorge ich gut für mich selbst.

Es macht Spaß, neue Begabungen zu entdecken! Ich überlege mir einmal, welche neue Fähigkeit ich mir gerne aneignen würde. Vielleicht eine berufliche Fertigkeit oder Technik, oder möchte ich ein neues Hobby für mich finden? Wie wäre es damit, eine neue Sprache oder ein Musikinstrument zu lernen? Vielleicht möchte ich auch wissen, wie man ein neues PC-Programm bedient oder ein Auto repariert? Oder ich möchte Strategien entwickeln, gelassener zu werden und einfach öfter zu lachen? Was immer es ist, ich schreibe mir jetzt auf, was ich Neues lernen will, und mache dann auch gleich den ersten Schritt auf dem Weg zu diesem Ziel.

Eine kleine Selbsterfahrungsübung:
Ich überlege mir, welches Kostüm ich für
einen Maskenball wählen würde. In welche
Rolle würde ich am allerliebsten schlüpfen?
Was macht diese Figur oder Rolle aus? Sind es
Eigenschaften, die ich vielleicht gerne mehr
ausleben würde, oder sind es welche, die ganz
typisch für mich sind? Spannend, etwas über
mich selbst zu lernen.

Ich freue mich, jemandem eine kleine Freude
zu bereiten, den ich gar nicht kenne:
Dafür lasse ich, wenn ich ein Ticket aus einem
Fahrkartenautomaten ziehe, einfach ein
bisschen Wechselgeld im Rückgeldschacht.
Und ich lächle bei der Vorstellung, wie sich der
Nächste über diesen Fund freuen wird.

Eine Wohltat für meine Füße, vor allem, wenn
ich viel auf den Beinen war: ein Fußbad mit
ätherischen Ölen und einer Idealtemperatur
zwischen 34 und 38 °C. Ich kann dafür zwischen belebenden Ölen wie z. B. Bergamotte
oder Eukalyptus, oder entspannenden, wie
Vanille oder Rose, wählen.

Ich veranstalte einen kleinen Wettkampf mit
mir selbst – oder mit Freunden, die Spaß daran
haben: Ich schaue mal, wie lange ich auf einem
Bein stehen kann. Zu Beginn ist das unerwartet
schwierig, aber ich werde immer besser. Ich
wechsle dabei auch mal aufs andere Bein und
tue so etwas für meinen Gleichgewichtssinn.

Die gute alte Rotlichtlampe, die wir vielleicht noch von unseren Eltern oder Großeltern kennen, ist eine wundervolle Möglichkeit, sich an einem ungemütlich nasskalten Tag etwas Gutes zu tun. Ich borge oder besorge mir eine und lasse das Rotlicht z. B. auf meinen Rücken scheinen, wenn es dort ziept, oder auf meine verspannte Nackenmuskulatur.

Ich schreibe die Namen aller Menschen auf, die mir guttun: Menschen, mit denen ich gerne zusammen bin, mit denen ich lachen kann, die mir zuhören und auf die ich mich verlassen kann. Menschen, bei denen ich neue Energie finde. Menschen, die mir in der Not auch ganz praktisch helfen oder die ich um Rat fragen kann.

So erhalte ich eine Liste von Personen, die ich anrufen kann, wenn es mir mal nicht so gut geht. Und ich erhalte eine Liste von Menschen, die sich freuen, wenn ich ihnen einmal sage, wie gut sie mir tun! Mindestens einem von ihnen sage ich es gleich heute.

Ich gehe bewusst durch meine Wohnung und schaue, ob ich nicht vielleicht das eine oder andere Bild oder Foto in meinen Rahmen auswechseln möchte. Neue Bilder oder andere Fotos werden zu richtigen Hinguckern, denn sie heben sich deutlich vom Gewohnten ab. So schaue ich viel aufmerksamer hin.

Ich werde zum Geschichtenerfinder!
Am Abend, wenn es schon dunkel ist, fahre ich mit dem Bus durch meine Stadt. Ich schaue in die beleuchteten Fenster der Häuser und denke mir fantasiereiche Geschichten zu den Menschen aus, die dort leben. Möglicherweise entsteht so eine richtige Kurzgeschichte, die ich nur noch aufzuschreiben brauche.

Mal ohne Geld bummeln gehen: Dazu laufe ich durch die großen Kaufhäuser und edlen Ladenpassagen. Ich schaue mir alles an, was mir gefällt, und freue mich an den Formen, Farben, Stoffen und der ganzen Vielfalt des Angebots. Wie erleichternd, festzustellen, dass ich sehr viele Dinge zwar schön finde, aber gar nicht brauche – ja, vielleicht nicht einmal haben wollen würde.

Im Alltag sind wir manchmal durch unseren Tonfall oder durch unsere Art anderen gegenüber respektlos. Ich freue mich heute darauf, einmal ganz bewusst darauf zu achten, höflich zu sein und jeden respektvoll zu behandeln. Und die erste Person, mit der ich beginne, bin ich selbst. Am respektlosesten sind wir nämlich leider oft uns selbst gegenüber ...

Heute gehe ich richtig früh ins Bett. Ich freue mich darauf, mich mit einem Stapel Bücher, Zeitschriften, Comics oder was ich sonst gerne mag schon am Nachmittag in die Federn zu kuscheln. Ich mache es mir mit einer Wärmflasche, einer Tasse Kakao und vielen Kissen und Decken ganz gemütlich.

Zur Abwechslung mal mit links: Ich nehme mir ein leeres Blatt Papier und einen Stift in die linke Hand – falls ich Linkshänder bin, entsprechend in die rechte. Und nun male und schreibe ich einfach drauflos.
Lustig, meine Unbeholfenheit und Unsicherheit zu spüren – so war das Schreibenlernen auch als Kind. Mit etwas Übung werde ich aber merken, dass es immer besser geht!

Das Thema „Tod" scheint auf den ersten Blick so gar nichts mit Freude zu tun zu haben. Vielmehr ist der Tod vor allem verbunden mit Schmerz, Angst und Verlust. Deshalb möchten wir ihn am liebsten verdrängen. Tatsächlich aber können wir die Chance nutzen, schon zu Lebzeiten das Sterben als natürlichen Teil des Lebens anzunehmen, und so unsere Freude am Leben vertiefen. Ich mache mir heute klar, dass wir ohne den Tod wohl alle unser Leben viel weniger zu schätzen wüssten, und ich freue mich an der Inspiration von Dietmar Schönherr: *„Es ist ein glücklicher Teil unseres Lebens, dass wir sterben dürfen. Es geht ja nichts verloren. Alles, was wir gedacht und versucht haben, lebt in anderen weiter."*

Praktische Tipps sind eine feine Sache.
Wir finden sie toll und sind ganz begeistert ...
und dann vergessen wir sie wieder.
Um gute Tipps auch wirklich umzusetzen,
lege ich heute an präsenter Stelle in meiner
Wohnung eine Tipp-Wand an, wo ich alle
guten Hinweise mit Haftzetteln notiere und
immer wieder draufschaue.

Ich freue mich darauf, mich zu bedanken.
Vielleicht bei einem Menschen, der mir in
einer schweren Zeit zur Seite stand, oder bei
jemandem, von dem ich etwas lernen durfte.
Vielleicht bei meinen Eltern dafür, dass es mich
gibt, oder bei meinen Lieben dafür, dass ich sie
lieben darf. Dankbarkeit erfüllt uns mit tiefem
Glück.

Etwas über mich selbst lernen:
Es heißt, dass Keller Symbole für das Unterbewusste in uns sind. Ich gehe deshalb heute einmal in meinen eigenen Keller und registriere ganz bewusst, wie es dort aussieht, was ich aufhebe, wovon ich mich nicht trennen kann usw. Und dann überlege ich mir, was das über mich aussagen könnte. Spannend, auf diese Weise etwas über mich zu erfahren.

Die meisten Produkte bekommen wir heutzutage fertig im Supermarkt. Viel schöner kann es sein, einfach mal etwas selbst herzustellen. Ich könnte z. B. meine eigene Marmelade einkochen, ein Regal oder einen Stuhl bauen, mir Socken stricken, eine Hose nähen, ein kleines Gemüsebeet planen – die Möglichkeiten sind vielfältig.

„Sauer macht lustig!" Daran glaubten wir als Kinder – und es funktionierte wunderbar. Ich denke daran zurück, wie wir unsere Gesichter verzogen, als wir Zitronenbrausepulver aßen, und wie wir uns dann von einem Kicheranfall zum nächsten lachten. Ob das auch heute noch funktioniert? Ich freue mich darauf, es auszuprobieren.

Auch trübe Stimmungen lassen sich genießen. Draußen ist es grau in grau, und ich spüre vielleicht, wie eine Traurigkeit mit kalten Händen nach mir greift. Warum dagegen ankämpfen, wenn ich sie auch einfach einmal zulassen kann? Ich kann ruhig „Ja" sagen zu diesem Gefühl. Auch Trauer und Trübsinn haben ihre Berechtigung und sollten nicht immer gleich unterdrückt werden. Ich schreibe meine Gedanken auf oder male ein Bild dazu, denn so kann das Düstere in mir Ausdruck finden. Morgen scheint dann vielleicht schon wieder die Sonne …

Ich hole mir die Sterne vom Himmel! In Spielzeug- oder Schreibwarenläden gibt es sie zu kaufen: selbstleuchtende Sterne zum Aufkleben. Damit beklebe ich meine Schlafzimmerdecke. So kann ich schon heute Abend unter meinem eigenen Sternenhimmel einschlafen.

Heute backe ich Kekse mit meinen Lieben oder mit guten Freunden. Wir machen gemeinsam den Teig, rollen ihn aus, stechen verschiedenste Formen aus, verzieren sie nach Herzenslust und naschen so viel wir mögen. Und wir genießen das warme Gefühl dabei.

Ich schenke mir eine Stunde Zeit ganz für mich allein. Gerade in stressigen Zeiten freue ich mich auf die Möglichkeit, mich all dem Trubel für eine gewisse Zeit entziehen zu können. Vielleicht mache ich einen Spaziergang, setze mich auf eine Bank in einem Museum oder ziehe mich in mein Zimmer zurück. Diese Stunde gehört ganz allein mir.

Heute spiele ich, unabhängig von der Jahreszeit, mal Nikolaus. Ich stelle dazu meinen Nachbarn im Haus oder einigen Leuten in meiner Straße einen kleinen Nikolausgruß vor die Tür – und das, ohne mich dabei zu verraten! Es macht Spaß, anderen heimlich eine Freude zu machen.

„Liebe ist ... den anderen nicht trotz, sondern auch wegen seiner Schwächen lieben zu können."

Dass wir uns genau diesen Partner ausgesucht haben, hat seine Gründe. Tatsächlich finden wir oft gerade solche Eigenschaften an einem anderen attraktiv, die wir uns vielleicht selbst nicht zugestehen oder ausleben. Nach der ersten Verliebtheit werden aber nicht selten genau diese Punkte zur Zerreißprobe, denn was zunächst so reizvoll schien, fängt an zu nerven. Wie gut, wenn ich da meine Liebe zum anderen spüren kann und erkenne, dass gerade sein Anders-Sein ihn zu dem macht, der er ist. Ich freue mich darauf, tief in mir die vermeintlichen Schwächen meines Lebenspartners oder meiner -partnerin annehmen und lieben zu lernen.

Mit dem Erwachsenwerden stellen wir immer mehr vernünftige Überlegungen an. Bei den meisten Entscheidungen wiegen wir das Für und Wider ab, um gut entscheiden zu können. Manchmal müssen wir allerdings hinterher erkennen, dass uns auch all unsere Vorüberlegungen nicht viel genutzt haben. Ich freue mich darauf, heute mal etwas mehr aus dem Bauch heraus zu entscheiden.

Heute versuche ich, mich an so viele Dinge wie möglich zu erinnern, die ich von anderen geschenkt bekommen habe. Zunächst fallen mir wahrscheinlich die großen und bedeutungsvollen Geschenke ein. Wenn ich aber weiter nachdenke, werde ich mich auch an kleinere Gaben erinnern und an geschenkähnliche Gesten. Und ich fühle mich sehr, sehr reich.

Ich freue mich auf einen kreativen Abend.
Ich schau mal, was ich an Bastel- oder
Handwerksmaterialien im Haus habe, und
überlege, was sich daraus machen lässt. Auch
aus einfacher Watte, Pfeifenreinigern oder
den gesammelten Steinen aus dem letzten
Urlaub lässt sich ganz sicher etwas Schönes
zaubern. Vielleicht lade ich auch noch Freunde
ein – zusammen wird es richtig lustig.

„Die meisten Menschen
sind so glücklich,
wie sie selbst es sich
vorgenommen haben."
Abraham Lincoln

Ein gutes Gefühl, dass ich selbst entscheiden kann, wie glücklich ich bin. Glück, Zufriedenheit und Freude kommen immer aus uns selbst und sind viel weniger abhängig von äußeren Einflüssen, als wir denken. Und heute entscheide ich mich, glücklich zu sein.

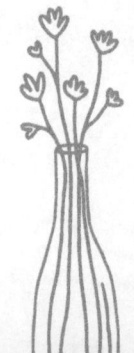

Wenn ich müde und erschöpft bin, aber meine Lebensgeister gerne wieder aktivieren möchte, gönne ich mir ein belebendes Aromabad: Ich mische 3 Tropfen Wacholder-, 3 Tropfen Zitronen-, 4 Tropfen Rosmarinöl und einen halben Becher Sahne in mein Badewasser und genieße die energetisierende Wirkung.

Eine prima Übung für zwischendurch: Dazu lege ich mich auf den Rücken und strecke meine Arme und Beine Richtung Decke. Ich versuche, sie so lange wie möglich in der Luft zu halten. Wenn Beine, Arme oder der Bauch zu zittern beginnen, ist das nicht schlimm, sondern gewollt. So überwinde ich jedes Energieloch.

Warum sich die Welt nicht einmal aus einer anderen Perspektive anschauen? Das gibt neue Impulse! Ich kann mich z. B. auf den Kopf stellen oder mal in die Knie gehen oder auch durch meine eigenen Beine hindurch meine Umgebung kopfüber betrachten. Ich freue mich darauf, auf diese Weise auf ganz neue Ideen zu kommen.

„Ohne Schatten gibt es kein Licht;
man muss auch die Nacht kennenlernen."
Albert Camus

Freude und Trauer sowie Glück und Schicksal sind zwei Seiten einer Medaille. Aber es gibt nicht nur die Extreme. Ich freue mich heute darauf zu erkennen, wie viele Spielarten es zwischen ihnen gibt und dass die Nacht nie nur schwarz ist.

Um zur Ruhe zu kommen und mich ganz zu entspannen, stelle ich mir mit geschlossenen Augen und in bequemer Position vor, durch einen Klostergarten zu wandeln. Er ist liebevoll angelegt und bietet viele kleine Winkel, in die man sich setzen und die Stille und Geborgenheit genießen kann. Und das Schönste: Ich kann jederzeit hierher kommen, wenn mir danach ist.

Heute mal eine Familienmassage!
Ich schlage meinen Lieben vor, dass wir heute einander massieren – entweder alle zusammen jeweils einen oder wir uns einfach paarweise gegenseitig. Dabei ist wichtig, dass wir einander sagen, wie wir massiert werden wollen und was wir genießen.
Eine schöne Art, uns etwas Gutes zu tun.

Sich von altem Plunder zu trennen, befreit
und tut richtig gut. Ich freue mich darauf, mal
wieder meinen Kleiderschrank auszuräumen.
Ich trenne mich von allem, was ich seit einem
halben Jahr nicht mehr getragen habe, und
schaffe Raum für Neues.

Ich überlege immer wieder einmal, welchen
Menschen ich grolle. Gibt es jemanden, der
mich verletzt oder enttäuscht hat? Jemanden,
dem ich etwas sehr übel genommen habe?
Es tut gut, heute einiges davon loszulassen.
Ich stelle mir dazu die Person vor meinem
inneren Auge vor und sage ihr alles, was mir
auf der Seele liegt. Dann verzeihe ich ihr und
mir. Das befreit.

Mit Schwung in den Tag starten! Noch bevor ich überhaupt aufstehe, kann ich schon einiges tun, um leichter aus den Federn zu kommen: z. B. die folgende kleine Übung, die sich „Rückenschaukel" nennt: Dazu setze ich mich im Bett auf, ziehe die Knie zum Körper und umfasse mit den Armen meine angewinkelten Beine. Nun lasse ich mich nach hinten kippen und rolle mit kugelrunder Wirbelsäule ab. Ich nutze den Schwung, um wieder nach vorn zu schaukeln. Auf diese Weise schaukle ich einige Male hin und her. Das tut meinem Rücken gut und macht wach.

Ich beginne freudig ein Tagebuch. Der amerika-
nische Erfolgstrainer Anthony Robbins sagt:
*„Ein Leben, das es wert ist, gelebt zu werden,
ist es auch wert, aufgeschrieben zu werden."*
Und so bin ich mir selbst ein Tagebuch wert.
Ich gehe los und suche mir ein ganz besonders
schönes aus. Täglich schreibe ich dann einfach
über mich und mein Leben.

*„In uns selbst liegen
die Sterne unseres Glücks."*
Heinrich Heine

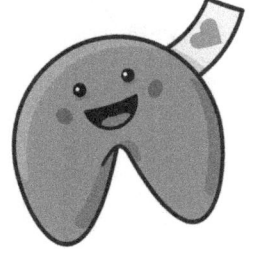

Was macht Sie glücklich?

Ich freue mich darauf, Ihre ganz persönlichen Freudenanlässe und Glücksmomente kennen-zulernen. Wenn Sie möchten, können Sie mir gerne an folgende Adresse schreiben:

Tania Konnerth
Im Brennbusch 18
21354 Bleckede

tk@taniakonnerth.de
www.tania-konnerth.de

Mehr von mir finden Sie auch im Internet unter:
www.mein-achtsames-ich.de